纺织服装高等教育“十二五”部委级规划教材
高职高专服装专业项目化系列教材
浙江省重点建设教材

FUZHUANG SHENGCHAN GUANLI

服装生产管理

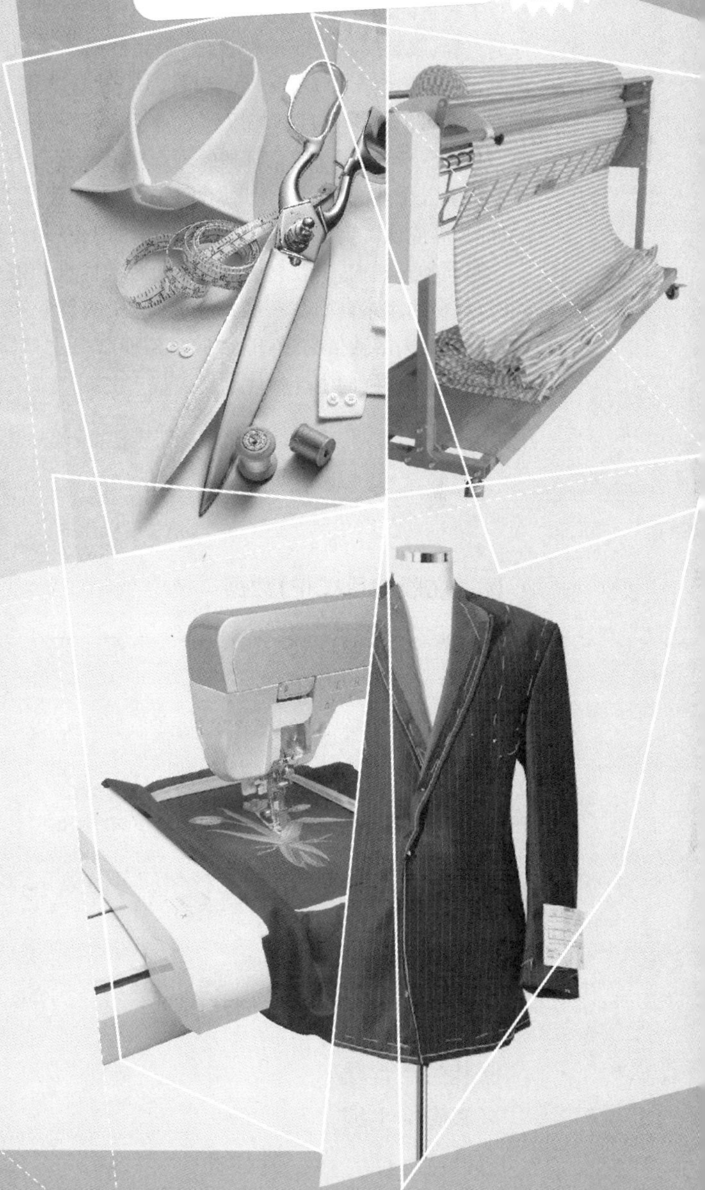

主　编／马旖旎
副主编／垄世兰　徐　眉

東華大學出版社

内 容 提 要

本教材的内容组织以项目化教学形式出现，分为“服装生产管理的流程、服装产品生产过程管理、服装产品质量成本管理”三个项目，其中“服装产品生产过程管理”是本教材的重点内容。教材中列入的每个教学项目都与服装企业生产管理相关环节紧密对接，对照 ISO9001 国际质量管理的理念标准和管理方法展开；每个任务都引入企业的真实案例，使学生在掌握管理标准和管理方法的同时，养成认真负责的工作态度，提高生产管理的意识。

与同类书相比，本教材更适用于服装类的高职院校学生使用。同时，教材选用来自生产一线的案例、多变的任务实施形式，使得生产管理的内容通俗易懂，非常适合初涉服装生产管理的企业人员选用，具有实际的生产指导意义。

图书在版编目(CIP)数据

服装生产管理/马旖旎主编. --上海：东华大学出版社，2012.6

ISBN 978-7-5669-0081-4

Ⅰ. ①服… Ⅱ. ①马… Ⅲ. ①服装工业—生产管理—高等职业教育—教材 Ⅳ. ①F407.866.2

中国版本图书馆 CIP 数据核字(2012)第 125071 号

责任编辑 马文娟
封面设计 戚亮轩

服装生产管理
马旖旎 主编
奎世兰 徐 眉 副主编

东华大学出版社出版
（上海市延安西路 1882 号 邮政编码：200051）
新华书店上海发行所发行 句容市排印厂印刷
开本：787mm×1092mm 1/16 印张：8.75 字数：231 千字
2013 年 1 月第 1 版 2018 年 8 月第 3 次印刷
ISBN 978-7-5669-0081-4
定价：28.00 元

前　言

近年来我国女装产业发展很快，与国际同行业先进水平的差距在逐渐缩小，女装产业正在品牌经营的道路上向产业转型升级的方向发展，呈现了良好的势头，但同时也看到，在这个过程中服装生产管理能力和水平这一环节仍显薄弱，成为制约服装企业发展的一个瓶颈。

《服装生产管理》是高职院校服装设计专业的一门专业课程。杭州职业技术学院达利女装学院服装设计专业经过多年教学改革与探索，构建了"整体化教学、生产性实训"的人才培养模式，这种培养模式对《服装生产管理》这门课程的教学来说无疑是个利好，学做合一，生产管理将不再是纸上谈兵，学生可以通过生产性实训来提高生产管理过程中理论联系实际的能力。

本教材的内容组织以项目化教学形式出现，分为"服装生产管理的流程、服装生产过程管理、服装质量成本管理"三个项目，其中"服装生产过程管理"是本教材的重点内容，教学目标是使学生能运用管理知识解决生产过程中出现的管理方面的问题，并且能合理、科学地安排成衣生产，为日后从事服装企业管理工作奠定必要的基础。本教材中列入的每个教学项目都与服装企业生产管理相关环节紧密对接，对照 ISO9001 国际质量管理的理念标准和管理方法展开；每个任务都引入企业的真实案例，使学生在掌握管理标准和管理方法的同时，养成认真负责的工作态度，提高生产管理的意识。

本教材作为纺织服装高等教育"十二五"部委规划教材，适用于服装类的高职院校作为教材使用。同时，本书中选用丰富的案例、多变的任务实施形式，使得生产管理的内容通俗易懂，也非常适合初涉服装生产管理的企业人员选用。

本教材在编写中得到了课程组全体成员的大力配合，其中达利（中国）有限公司的龚世兰女士、徐眉先生为本教材的编写提供了大量资料，并提出了宝贵的修改意见。在此对所有关心、支持本教材编写的老师和同学们表示感谢。由于编者水平有限，教材中难免有错漏之处，敬请读者批评指正，以便在修订时得以改正。

编　者

2012 年 3 月

目　　录

项目一　服装生产管理的流程

任务一　服装行业职业道德规范的养成

一、学习目标

通过本项任务的学习达到以下目的：

1. 了解职业道德的概念；
2. 熟悉服装行业职业道德规范；
3. 能在课程学习中树立自我的职业目标；
4. 熟悉5S管理制度。

二、任务描述

具有良好的职业道德是每一位社会从业者的首要任务。服装生产管理是一项教你如何培养标准工作习惯的课程。

三、知识准备

道德，是调整人们之间以及个人与社会之间关系的行为规范的总和。随着社会分工越来越细，职业的种类也越来越多，就有了职业道德。职业道德，指从事一定职业的人们在履行其职责过程中所应遵循的与其特定职业活动相适应的道德准则和行为规范。

服装行业是适应人类的需要而产生的，是随着社会经济和人类文明的发展和进步而逐步形成的。职业道德除了有着共同的要求外，不同职业有不同的要求，这是因为每一行业，都是根据其特点要求这一行业所有的从业者，都必须遵循一定的道德行为准则，服装行业也不例外。

（一）服装行业职业道德规范

1. 讲究信誉，注重质量

讲究信誉、注重质量是人们在职业活动中应遵守的一条基本的职业道德行为规范。信誉就是守信与名誉，在人们职业活动中守信与名誉是统一的。职业信誉是在多次商品交换中所形成的消费者对商品生产者、销售者的一种依赖关系，信誉也是产品的一种无形资产。

例如，个别厂家制作的服装，常常让消费者叫苦不迭，他们制作的成衣钮扣仅一线钉住，一穿就掉；缝线马马虎虎，不是跳线、就是不顺直，针迹距离放得很宽松，稍一用力就裂开，搞得着装者狼狈不堪。这些行为看起来经营者占了便宜，降低了成本，实际上这些行为不仅损害了消费者的利益，违背了职业道德，最终也损害了经营者自己的利益。因为人们上当只有一次，下次就不在你处购买或订制服装了，所以讲信誉不仅维护了国家、企业和消费者的利益，也维护了自身的利益。

质量通常指事物、产品或工作的优劣程度。如产品质量、服务质量、教育质量等。服装产品的质量是指在生产中，要严格按照国家、客户或企业规定的各种标准或者按合同中承诺的质量标准、设计方案办事，精心设计，精心制作。要保证质量，首先要有质量意识，树立质量第一的观念。如果企业里的设计人员、管理人员、制作人员、检验人员都有质量意识，就会从生产的各个环节抓好质量管理，产品的质量才能保证。

信誉是企业的未来，质量是企业的生命，服装行业要想有大发展，除其他因素外，应该以讲究信誉为前提，保证质量为基础。

2. 团结友爱，善于合作

随着科学技术的发展，人们日益认识到了团结协作、互助友爱道德规范的重要性。服装生产中上道工序与下道工序之间的关系也越来越密切，所以人与人之间相互交流、相互学习、相互协作显得更重要。

在日常学习工作中，要处理好同事之间的关系，多做一些生产辅助性的准备工作。了解下级、支持下级工作，尊重上级领导、体谅上级，学会宽容别人。当个人利益与集体利益发生矛盾时要学会让步，不能嫉妒、冷嘲热讽，更不能相互拆台。我们往往看到，越是事业有成的人，越是具有良好的品德修养，他们贵在自知之明，不以为高人一等，并能注意到其他人的长处，一同合作研究。当然，善于合作并不是抹煞个性，不坚持原则。谦虚谨慎也不是虚伪捧场失去自信，而是取他人之长，以弥补自己之短。

善于与人合作还包括自觉遵守劳动纪律、执行命令和履行职责，严格按照规定的规章制度办事，调整个人与他人、个人与集体、个人与组织、个人与社会的关系。服装行业的日益现代化，各部门之间，一个部门的各个组成部分之间，一个车间、工段的各个工序之间，都是一环套一环地紧密联系着的，在服装生产过程中，从造型设计、结构设计、工艺设计、规模、生产到成品，从采购、裁剪、缝纫、烫熨到包装，以及其他一些辅助工种，都是有机的整体，虽然具体的任务不同，但都是围绕服装生产，所以在任何一个环节上都不能出问题，否则就会影响产量和质量，严重的还影响企业的信誉和形象。

3. 爱岗敬业，勇于创新

爱岗就是热爱自己所从事的服装行业的工作岗位。服装行业是美化和改善人们生活的重要组成部分，无论男女老少都需要的行业。干一行，爱一行。在自己的工作岗位上尽职尽责，关心自己劳动的社会效果，并正确对待劳动回报。不可产生绝对按酬付劳的想法，“干活就是为了拿钱”、“拿多少钱干多少活”的雇佣思想，把本职工作仅仅当成挣钱的机会而斤斤计较。要识大体，顾大局，任劳任怨。对待劳动报酬如果没有正确的态度，会给企业和本人带来很坏的影响。

勇于创新是指工作中，勇于破除各种束缚，敢于创新，不断开拓。它要求每个职业劳动者在职业活动中要敢于改革不适应生产发展的旧管理方法和旧工艺，善于开创工作的新局面。我们知道，服装市场总的趋势是向时装化、系列化、个性化、高档化方向发展，要求造型合体、美观大方。作为服装生产行业，必须很好地掌握这种变化，深入社会各阶层、各行业和销售商、代理店做调查研究，了解国内外市场的情况，做出正确判断，生产适销对路的服装产品。

服装行业有服装生产周期短、时尚潮流更新快的特点。在世界范围的新技术革命形式下，可以说今后各国生产力的高低主要取决于能否迅速地把新的科学技术应用到生产中去。提高劳动生产率，发扬创新精神，不断改进生产工具、工作方法和技术，努力改革落后的生产结构和管理体制。没有创新改革，就没有生产率的提高。

例如，达利（中国）有限公司有一位车位员工在拉筒工艺中进行了改革。她发明了一个小插件，把丝绸卷边这道工序提高了80%的工作效率，这项技术也得到了杭州市服装协会的认可，并申请了专利。这个例子告诉我们，各行各业中都有改进的空间，只要我们在工作中存有一种不怕困难、解放思想、勇于进取的精神。

4. 礼貌待人，知错能改

我国是世界文明古国之一，素以“礼仪之邦”著称于世。服装行业是服务性行业，自始至终应坚持质量第一、顾客第一。在服装行业有各种各样的顾客，由于年龄、个性、职业等的不同，就有了各种对服装不同的要求。例如，欧洲客人对服装的形体要求苛刻，注重服装的细节与工艺，而亚洲的客人在服装的质量要求上较低些。所以就有了不同地区的衡量标准，AQL2.5～5.0不等的质量检验接受标准。

作为服务行业的一员，我们在做好本职工作的前提下还应该尽量满足客户的要求。当然做好合同是保障公司合法权利的重要手段。至于对个别爱挑剔、无理取闹的客户，则应多沟通，取得谅解，尽可能不要激化矛盾，必要时也可以请工商、司法等部门进行处理。

关注客户的要求、礼貌待客、热情服务，不仅能树立企业或个人的良好形象，同时也会使生意兴隆。“和气生财”是有道理的。

总之，职业道德的四个基本内容之间是相互联系的，每个内容的实现又是以相互之间的存在为条件。这些职业规范的实施为从业者从多侧面塑造自己的美好形象创造了条件。

（二）加强职业道德修养

职业道德总是通过一定的职业技能活动来体现，世界上没有离开职业技能的空洞的职业道德。服装行业以私营企业为多，很多刚毕业的学生在就业初期都经历过多次的跳槽。据不完全统计2008～2010年毕业的服装院校学生在一年中的平均跳槽次数达到2次，多者甚至可以达到一年跳槽5次。工作的不稳定有客观的因素导致，但是主观上对职业的不成熟想法，如对工资要求、待遇要求、工作环境要求、劳动强度要求较多，也导致了频繁换工作的现象。现代社会这种“浮躁”氛围比较常见，多发于涉世不深的年轻人。他们没有良好的职业修养和技术能力，自然没有企业能接纳重用。

有一个例子，“打工妹”小香，高中毕业后在江西的一名服装厂做车工，起步月薪 800 元。她虚心好学、吃苦耐劳、待人亲切，逐渐得到了同事的认可，升做组长。她还积极的进修了上海东华大学服装设计专业的大专函授班，渐渐地，她那出众的服装设计才干和管理能力开始显露，博得了温州某大型企业的赏识，以年薪 60 万的高薪聘请她。从小香的成功之路可以看到一个人可以在平凡的岗位上创造不平凡的业绩，但她需要把自身素质的提高和企业、社会经济的发展紧密相连。

因此，职业技能与职业道德是统一的，职业技能是以职业道德为基础，职业道德可以通过职业技能来表现。为了养成良好的品德修养，需要长期的磨炼和有意识地培养。我们应该努力做到以下几点：

1. 树立正确的职业理想

职业理想是一个人长期形成的、希望从事某种职业的愿望和想象，是人生追求的目标，也是当代青年成就事业为社会和人民做出贡献的驱动力。摆正“社会”与“个人”两者的位置，把个人融于社会之中，让自身价值在为社会服务、满足社会需求的过程中得到充实和发挥。

职业理想离不开一个人的人生观、价值观。很多毕业生希望找个舒服些、报酬高的职业，怕吃苦是普遍存在的思想，导致了部分学生毕业时找到了工作单位，但又会频繁跳槽。因此，不怕吃苦、自觉磨炼，在艰苦的工作中磨炼自己、完善自己，实现人生价值，应成为每个学生加强职业道德修养的重要内容。

2. 加强自我教育

自我教育是提高职业道德修养最为重要的途径和方法。它重在主体的积极参与、自我认识、自我评价、自我调整、自我修养。自我教育的过程包括学习、内省、立志等环节。

作为一个公民，他的所作所为至少要符合一个公民应有的社会道德标准。同时作为社会不同分工的一员，他的一举一动又必须遵循具体行业的职业道德要求。

3. 加强职业道德实践

实践是道德品质形成的客观基础，职业道德修养要与从业人员从事的职业实践相联系，在职业行为中磨炼自己，把职业道德规范和知识运用到职业活动中去，增强职业责任心和道德义务感。

大学期间学校通常会安排学生实习，这也是希望学生能尽早的接触社会，了解真实的工作状态。由于实习中企业对学生的要求并不高，实习的效率并不会和工资挂钩，很多同学会以应付的状态出现，这样就起不到实习的目的，所以大家应该珍惜这样的机会。

4. 做好职业选择与应聘的准备

找一个理想的单位充分发挥自己的才能，这是大多数毕业生的想法，也是人生道路上的起跑点。

“如果你有智慧，请你拿出智慧；如果你缺少智慧请你流汗；如果你缺少智慧又不愿流汗，那么只得请你离开。”这样的定位和生活哲理适用于充满竞争的整个世界。所以我们面对择业问题是不会轻松的，既要善于抓住机遇把握自己，也要调整好自己的心态，做好一定的心理准备。

（三）5S管理制度

“5S”是整理(Seiri)、整顿(Seiton)、清扫(Seiso)、清洁(Seiketsu)和素养(Shitsuke)这5个词的缩写，所以简称为“5S”。“5S”活动起源于日本，在日本企业中广泛推行，它相当于中国企业开展的文明生产活动。1955年，日本企业针对地、物，提出了整理、整顿2个S，后来因管理的需求及水准的提升，陆续增加形成了目前主要推行的5S架构。

5S管理理论进入我国后，得到了众多企业的推崇和引进。前几年有人迎合工场实际情况又提出了6S、7S甚至8S的管理理论(表1-1-1)，其实这些理论的真谛是一致的，只是不同的企业，有不同的强调重点。

表1-1-1 6S、7S、8S管理理论

6S	5S+安全(Safety)
	5S+习惯化(Shiukanka)
7S	6S+节约(Save)
	6S+服务(Service)
8S	5S+效率(Speed)+简化程序(Simple)+软件设计及运用(Software)

这里就最常用的5S管理理论来学习一下。

1. 整理：区分要用的和不用的物品，不用的物品彻底清除掉

整理的要点是：改善和增加作业面积；现场无杂物，行道通畅，提高工作效率；减少磕碰的机会，保障安全，提高质量；消除管理上的混放、混料等差错事故；有利于减少库存量，节约资金；改善工作环境，提高工作情绪。

2. 整顿：必需品依规定定位、定方法摆放整齐有序，明确标示

整顿的要点是：物品摆放要有固定的地点和区域，以便于寻找，消除因混放而造成的差错；物品摆放地点要科学合理。例如，根据物品使用的频率，经常使用的东西应放得近些(如放在作业区内)，偶尔使用或不常使用的东西则应放得远些(如集中放在车间某处)；物品摆放目视化，使定量装载的物品做到过目知数，摆放不同物品的区域采用不同的色彩和标记加以区别。

3. 清扫：清除责任区域的杂物、脏污，并防止污染的发生

清扫的要点是：自己使用的物品，如设备、工具等要自己清扫，而不要依赖他人，不增加专门的清扫工；对设备的清扫，着眼于对设备的维护保养。清扫设备要同设备的点检结合起来，清扫即点检；清扫设备时要同时做设备的润滑工作，清扫也是保养；清扫也是为了预防，当清扫地面发现有飞屑和油水泄漏时，要查明原因，并采取措施加以改进。

4. 清洁：将上面3S实施的做法彻底化、制度化、并维持成果

清洁的要点是：车间环境不仅要整齐，而且要做到清洁卫生，保证工人身体健康，提高工人劳动热情；不仅物品要清洁，而且工人本身也要做到清洁，如工作服要清洁，仪表要整洁，及时理发、刮须、修指甲、洗澡等；工人不仅要做到形体上的清洁，而且要做到精神上的"清洁"，待人要讲礼貌、要尊重别人；要使环境不受污染，进一步消除浑浊的空气、粉尘、噪音和污染源，消灭职业病。

5. 素养：养成依照规定行事、养成好习惯

素养是"5S"活动的核心。没有人员素质的提高，各项活动就不能顺利开展，开展了也坚持不住。

四、任务实施

（一）案例讨论

根据提供的案例分组讨论15 min，各组派一名组长阐述观点每组3 min，总结10 min。

1. 案例讨论①

某厂于6月15日接到了一份订单，本来该任务是由本厂的流水线自行安排生产，但是当时很忙，没有生产位了。于是6月17日决定外发到业务单位信藤厂生产，没想到6月19日信藤厂提出生产位有冲突要求退单。几经周折后于6月21日这批货仍旧不得不拉回本厂。但是工厂确实生产位排不够，不能按时交货。业务员与客户商量延期交货，但是遭到拒绝。该厂最后不得不因此而被索赔3万元。

2. 案例讨论②

有家服装厂与北京某大学签订了新生校服供应合同，注明8月中旬交货。不料6月中旬当地暴雨成灾，面料受潮不能用，企业紧急从外地调来新面料进行生产，这样，原定的铁路送货到学校肯定赶不及交货期了。应该申明灾情延期交货，还是不折不扣地按合同执行？厂长深思后毅然决定"空运"。校方知道后深受感动，主动提出愿意承担多出部分的运费。没有多久，其他客户的订单雪片般飞来。厂长说："赔了小钱，赚了千金！"

思考：通过案例①和②的介绍给了你什么启示？分析讨论案例②中厂长的行为是否冲动？

3. 案例讨论③

小张是一名毕业生，他应聘的第一份工作是一家有相当实力和影响的服装企业的生产部经理助理岗位，为此他专门穿了一套较正式的西装。到了应聘现场，总经理亲自接待招聘者，每个应聘者都领到了一张表格，许多人挤在工作台边等着用台上的那支笔，小张领到表格后，坐在一旁掏出自己的笔填写起来。交表格时，总经理站起来对他说："你跟我来。"到了总经理室，面试开始了，第一个问题："你为什么穿得这么出众？"小张微笑着告诉他，一是为了使自己有一种成熟的形象，二是为了尊重这家著名的公司。第二个问题："如果你在公司接到一个电话，你刚把自己的意见告诉他，你身边的同事就告诉你，你的意见错了，你会怎么办？"小张自信的说：如果我认为自己是对的，我会以自己的意见为准。

“如果说你错的是经理呢?”小张有些紧张了,但他仍说:如果我坚信自己是对的,我会坚持的。面试结束后,小张感到压力很大,他的几个朋友也说他回答地不好,因为在公司里,服从上级是非常重要的。但是,几天之后小张接到录取通知了。事后他了解到,那天总经理就面试了他一个人,因为,其他应聘者都不带笔。而且,总经理对他回答的两个问题很满意。

思考:谈谈小张的应聘经历给了我们哪些启发?作为一名服装从业人员,应聘中应该注意哪些方面?

(二)自荐书

根据以下格式和自身情况,模拟填写一份服装公司的自荐书

尊敬的××公司领导:

您好!感激您百忙之中抽空浏览我的自荐信!

我是××学院的应届毕业生。(介绍本人的能力与目标,渴望被录用的迫切愿望等相关内容。以此打动企业领导。)

此致

敬礼!

自荐人×××

年　月　日

五、任务反思

评价项目	评价情况
请简述道德与职业道德概念。	
请简述服装行业职业道德规范。	
请简述 5S 管理制度。	
请简述你的职业目标是什么?	

六、任务评价

评价指标	评价标准	评价依据	权重	得分
案例讨论	A：分组讨论时的表现； B：阐述观点时的表现； C：观点的正确性。	课堂表现	35	
自荐书	A：书写规范； B：内容齐全； C：自我目标明确。	自荐书	35	
教学常态	A：遵守校纪校规； B：上课教材资料齐备； C：5S 管理制度。	平时表现	30	
总　分				

任务二　服装生产管理的流程

一、学习目标

通过本项任务的学习应该达到以下目的：

1. 了解服装产业发展过程、现状与发展趋势；
2. 了解国内外成衣生产状况；
3. 熟悉服装生产过程的环节组成；
4. 了解不同服装行业的生产流程形式；
5. 了解ISO9000质量认证标准。

二、任务描述

首先跟随老师的介绍了解纺织服装产业发展的进程和国内外服装行业现状。继而通过参观相应的服装企业，来熟悉服装生产管理的环节组成，了解不同服装行业的几种生产流程形式，重点观察不同企业的规范管理操作细节，分析规范管理的必要性。

三、知识准备

服装生产企业在我国国民经济中占有举足轻重的地位，起着不可替代的作用。它不仅肩负着解决我国13亿人口穿衣的重任，而且有着出口创汇的任务，为占领世界服装业市场、为建设社会主义现代化积累资金作出不可磨灭的贡献。同时穿衣也有美化人们生活之意，能满足人们追求个性化的要求。

20世纪50年代以前，我国的服装产业形式以个体裁缝生产为主。量体裁衣、度身定做是常见的置衣方式，个体服装企业还不成规模，公私合营形成国有计划生产管理模式。改革开放后，形成多种经营机制并存的服装生产管理模式，服装业也得到了快速的发展，个体品牌不断发展。

2009年以来受全球金融危机影响，国家政策调整、人民币升值、劳动力成本增加、原材料价格居高不下、国外技术性贸易壁垒增多等诸多不利因素影响，原本就利润微薄的服装出口企业更加步履维艰，面对日益严峻的外贸环境及生存压力，出现了部分小型企业不堪重负被迫关停现象。市场发展需求确定服装生产管理模式。

21世纪，各行各业都面临着日趋激烈的竞争，以劳动密集为主要特征的服装行业更是如此，迫切需要提高产品质量、提高生产效率、降低生产成本、缩短产品的生产周期，对市场做出快速反应。

（一）国外成衣生产状况

国外的成衣化率普遍比较高，尤其是经济化较发达的国家，如美国的成衣化率为 99%，德国为 95%，日本为 92%，英国为 32%。美国定制服装的价格是成衣服装的 4 倍，德国为 3 倍，日本为 2 倍。成衣化率高的国家服装的生产技术有以下几个特点：

1. 具有先进的设备、成熟的工艺、新型面料，且不断采用新技术，适应新产品的生产；

2. 服装加工技术向自动化、立体化方面发展；

3. 注重产品的流行性，用工业化的生产手段进行小批量、高档化服装加工，效益高；

4. 重视服装品牌的建设，有好的商业信誉和企业形象；

5. 形成并具有手工高档时装的概念；

6. 服装设计、裁剪电脑化，服装 CAD、CAM、服装款式设计的三维系统等已用于实际，可随时进行设计，可在计算机上直接修改，并显示最终产品的试样，供客户选择；

7. 缝制设备专业化、高速化，黏合整烫设备自动化，使缝制工艺简化，效率高；

8. 服装生产管理科学化。

（二）我国成衣生产状况

我国成衣化服装生产的特点主要表现在以下几个方面：

1. 服装工业已处于变革时代，生产类型由大批量、少品种、长周期向小批量、多品种、短周期方向发展；

2. 服装生产采用的面料、辅料多样化，新技术、新材料广泛地应用；

3. 重视服装品牌的建设，企业向集团化规模经营过渡；

4. 生产中机械化、专业化作业程度逐步提高；

5. 生产管理主要靠经验，生产工序多，工艺编排较为复杂；

6. 逐步建立服装信息网，采集国际服装流行信息。

一些进入市场并早已有自主品牌的企业，正在全方位地提高企业的应变能力和竞争能力，以提高市场的占有率，并开始从有形资产经营向无形资产经营转变，从经验管理向现代化科学管理转变。

从总体来讲，我国服装企业的发展历史比较短，各方面基础比较薄弱，服装生产大体上处于来料加工的状态。中国加入 WTO 后，随着国外服装品牌的和资金的引入，我国服装工业面临着严峻的挑战。目前，国内服装市场仍存在以下不足：

1. 交货期不能保证。中国的纺织品和服装，从包装、定船到运输、交货的时间较长，影响外商订货。

2. 服装的标准化标识不清。在服装上标明服装衣料的成分、洗涤、熨烫、保存方法等，是否退色等标识不全、不清，我国的服装生产还缺少这些意识。

3. 在国际贸易中，绿色壁垒成为服装贸易中的新阻碍，而我国的服装企业对服装绿色环保意识不强。

4. 服装质量不稳定，同一批货，由不同地区、不同厂家生产，质量不统一。

但随着我国经济的发展和改革的深入，服装工业技术改革的力度加大，同时也引进了许多先进的技术和设备；随着高科技的发展，电子技术、信息管理等已经进入服装生产领域，各种电气技术、微电脑及计算机集成技术等将被广泛应用。展望未来，一个知识技术密集型的服装生产形式将逐步建立，我国的服装工业必将步入一个从设计到成衣制作高速化、自动化、高效率的新时代。

服装已不仅仅局限于裁缝的概念，其制作方法也不再以个体裁缝的单件缝制为唯一的形式，工业化批量生产的服装，是以流水作业的方式加工完成。服装各基本衣片和辅料经过预先确定的工序，最终加工为成衣。服装生产管理是纸成衣化服装生产活动（含技术、经济、安全活动）的管理。成衣化服装生产是指批量的成衣生产。服装生产管理，地点主要在车间，主要管理生产流水线、或成件生产。具体说来，服装生产就是从设计开始、到打样、确定生产、排料裁剪、组织流水生产、质检、包装、入库。（图 1－2－1）

图 1-2-1　现代化服装工厂内部状况

（三）ISO9000 质量认证标准与管理执行者

ISO9000 质量认证标准是国际标准化组织（ISO）在 1987 年提出的概念。概念提出质量是由人去控制的，只要是人，难免犯这样或那样的错误。那么如何预防少犯错、或者尽量不给你犯错的机会，这就是 ISO9000 标准的精髓。管理职责、资源管理、产品实现、测量、分析和改进四项内容是标准的核心。

1. ISO9000 质量认证标准

（1）强调以顾客为中心

明确公司通过各种手段去获取和理解顾客的要求，确定顾客要求，通过体系中各个过程的运作满足顾客要求甚至超越顾客要求，并通过顾客满意的测量来获取顾客满意程序的感受，以不断提高公司在顾客心中的地位，增强顾客的信心。

（2）强调领导的作用

明确要求公司最高管理层直接参与质量管理体系活动，从公司层面制定质量方针和各层次质量目标，最高管理层通过及时获取质量目标的达成情况以判断质量管理体系运行的绩效，直接参与定期的管理评审掌握整个质量体系的整体状况，并及时对于体系不足之处采取措施，从公司层面保证资源的充分性。

（3）强调全员参与的方法

明确各职能和层次人员的职责权限以及相互关系，并从教育、培训、技能和经验等方面明确各类人员的能力要求，以确保他们是胜任的，通过全员参与到整个质量体系的建立、运行和维持活动中，以保证公司各环节的顺利运作。

(4) 强调过程控制的方法

明确控制可能产生不合格产品的各个环节，对于产生的不合格产品进行隔离、处置，并通过制度化的数据分析，寻找产生不合格产品的根本原因，通过纠正或预防措施防止不合格发生或再次发生，从而不断降低公司发生的不良质量成本，并通过其他持续改进的活动来不断提高质量管理体系的有效性和效率，从而实现公司成本的不断降低和利润的不断增长。

(5) 强调持续的改进方法

分析改进是一种自发、主动、先进的管理，主要体现在对过程的控制。有效的管理也就是对过程有效的控制，建立一种体制，尽可能用较少的资源获取较大的增值。我们可以从数据的收集和分析入手，如过程控制的统计，生产报表、质量报表；制造商推荐的机器设备使用要求，如允许范围、使用年限；机器负荷的监视；员工迟到率、缺勤率和流失率；服务调查；供方业绩表现等。

2. 管理执行者——QA 与 QC

QA (Quality Assurance)为品质保证，QC (Quality Control)为品质控制，都是以 ISO9000 质量认证标准作为工作的核心。重于质量管理体系的建立和维护，客户和认证机构质量体系审核工作，质量培训工作等；QC 主要集中在质量检验和控制方面。QA 的工作涉及公司的全局，各个相关职能，覆盖面比较宽广，而 QC 主要集中在产品质量检查方面，只是质量工作的其中一个方面。

服装 QC 顾名思义就是控制服装品质的人了。一名服装 QC 的工作大致可以分为四个部分：查阅订单资料；制作办单；定购面、辅料；报价、检验。

(1) 查阅订单资料

全面准备并了解订单资料(客户制单、生产工艺、最终确认样、面/辅料样卡、确认意见或更正资料、特殊情况可携带客样)，确认所掌握的所有资料之间制作工艺细节是否统一、详尽。对指示不明确的事项详细反映给相关技术部和业务部，以便及时确认。事先尽可能多地了解各加工厂的生产、经营状况并对工厂的优/劣势进行充分评估，做到知根知底。

(2) 制作办单(相关需要批示的工艺文件，对下一步工作提供依据。)、查办、寄办

QC 研究订单资料，制作出办单，列出所需的面、辅料，交给板房打纸样及做办，做好办后交洗水部洗水，洗回后交板房做后整及查验，技术部核查 OK 后寄给客户批核。

(3) 定购大货面、辅料

QC 依照客户的订单数量及客户提供的资料，计算清楚各物料的用量，并跟进客户直接提供的面、辅料。物料原则上由采购部统一采购，QC 将详细资料交采购部门，由采购部门进行大货面辅料采购。但某些物料由于货期紧等原因，将由 QC 自己采购。

(4) 报价、检验

QC 将所有物料的价格输进系统，计算出总价，交组长及总经理批核，通过后，方可进行生产。QC 和客户沟通制定具体的检验标准。后续根据检验标准跟进生产工具进度。

(四) 服装生产过程的环节组成

1. 服装设计

一般来说，大部分大、中型服装厂都有自己的设计师设计服装款式系列。服装企业的服

装设计大致分为两类：一类是成衣设计，根据大多数人的号型比例，制定一套有规律性的尺码，进行大规模生产。设计时，不仅要选择面料、辅料，还要了解服装厂的设备和工人的技术；第二类是时装设计，根据市场流行趋势和时装潮流设计各款服装。

2. 纸样设计

当服装的设计样品为客户确认后，下一步就是按照客户的要求绘制不同尺码的纸样。将标准纸样进行放大或缩小的绘图，称为“纸样放码”，又称“推档”。目前，大型的服装厂多采用电脑来完成纸样的放码工作，在不同尺码纸样的基础上，还要制作生产用纸样，并画出排料图。

3. 生产准备

生产前的准备工作很多，例如对生产所需的面料、辅料、缝纫线等材料进行必要的检验与测试，材料的预缩和整理，样品、样衣的缝制加工等。

4. 裁剪工艺

一般来说，裁剪是服装生产的第一道工序，其内容是把面料、里料及其他材料按排料、划样要求剪切成衣片，还包括排料、辅料、算料、坯布疵点的借裁、套裁、裁剪、验片、编号、捆扎等。

5. 缝制工艺

缝制是整个服装加工过程中技术性较强，也较为重要的成衣加工工序。它是按不同的款式要求，通过合理的缝合，把各衣片组合成服装的一个工艺处理过程。所以，如何合理地组织缝制工序，选择缝迹、缝型、机器设备和工具等都十分重要。

6. 熨烫工艺

成衣制成后，经过熨烫处理，达到理想的外形，使其造型美观。熨烫一般可分为生产中的熨烫（中烫）和成衣熨烫（大烫）两类。

7. 成衣品质控制

成衣品质控制是使产品质量在整个加工过程中得到保证的一项十分必要的措施，是研究产品在加工过程中产生和可能产生的质量问题，并且制定必要的质量检验标准。

8. 后处理

后处理包括包装、储运等内容，是整个生产过程中的最后一道工序。操作工按包装工艺要求将每一件整烫好的服装整理、折叠好，放在胶袋里，然后按照装箱单上的数量分配装箱。有时成衣也会吊装发运，将服装吊装在货架上，送到交货地点。

（五）服装生产管理的流程

服装产品的生产流程，应系统的设计为整个供应链的生产运作流程。现代服装厂的生产运营方式很多，每个作业程序都有可能发展成为一个单列的运行链，这里列举三组常见的流程形式。

1. 内销服装生产运行过程

内销通常是指，针对国内消费市场的营销手段。这类服装由品牌服装设计者通过市场分析、预测结合流行趋势，针对当地人群的消费心理特点，从而设计开发的服装。产品的生产数量由各地经销商的销售情况所决定，生产厂家切不能盲目生产，不然会导致服装产品的积压。内销服装生产运行过程，如图 1－2－2 所示。

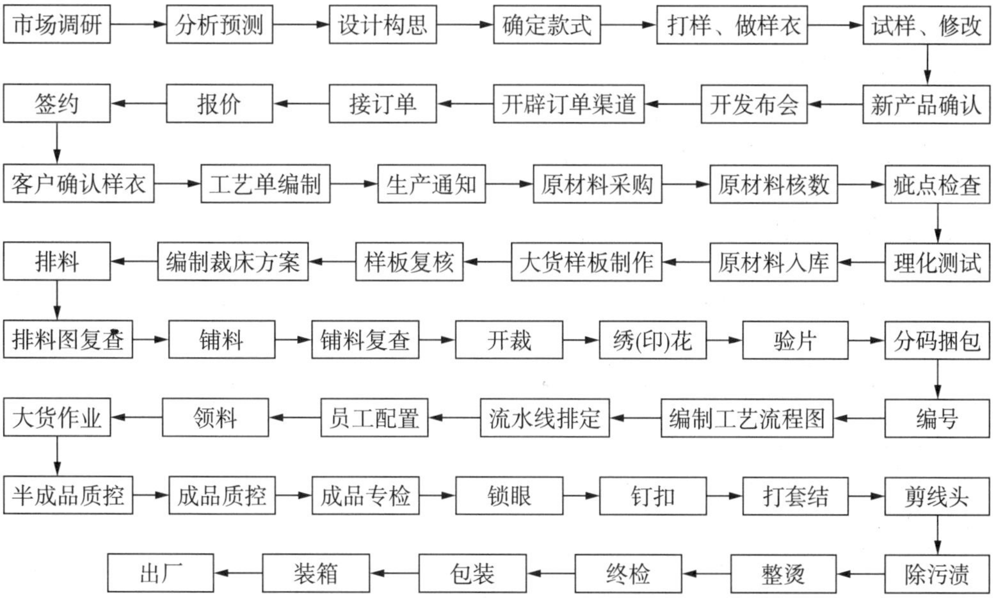

图 1－2－2　内销服装生产运行过程图

2. 外贸订单式(梭织)服装生产运行过程

外贸服装，是指国内服装生产厂家根据国外来料来样或国外来样、国内选料加工然后发货给国外客户的服装。加工数量由国外订单决定，厂家无产品积压负担。

在完成订单后少许剩余的那部分产品就叫外贸尾单。外贸服装由于是出口国外，因此执行的标准也相应比国内要严格，所以质量也比同类产品要高，致使有相当部分外贸尾单成为了广大消费者抢购的对象。外贸订单式梭织服装生产运行过程，如图 1－2－3 所示。

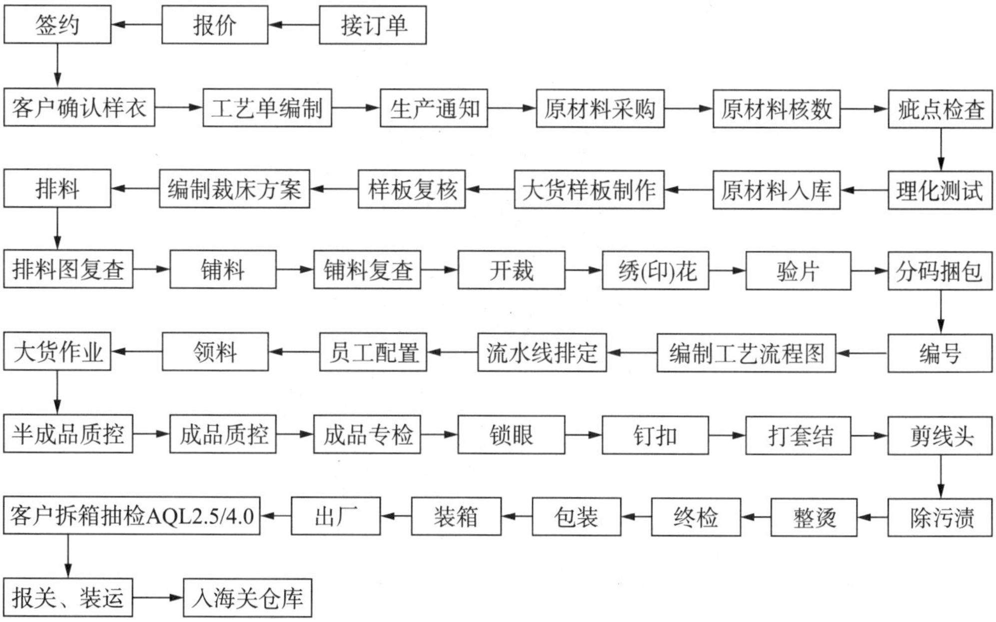

图 1－2－3　外贸订单式梭织服装生产运行过程图

3. 外贸订单式(针织)服装生产运行过程

针织服装由于其具有舒适性、透气性、随型性、保暖性等多项特点,近年来受到服装市场的热捧。针织服装的加工特点与梭织服装有一定差异,所以这里也列举出来作为了解。外贸订单式针织服装生产运行过程,如图 1-2-4 所示。

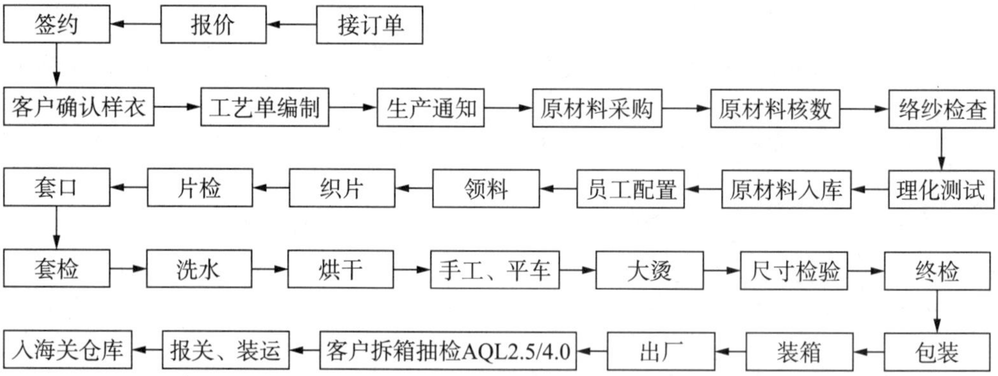

图 1-2-4 外贸订单式针织服装生产运行过程图

服装生产管理流程,在服装产品实现的过程中还会有很多的表现形式。在这里我们讲的是一间服装厂的生产大流程,而具体到生产的各个环节上还将会出现小流程。例如:裁床生产流程、打样领料流程、客供面料供应流程、生产计划流程、常规辅料采购流程等等各种流程形式。(见附录)

我们将会借助于很多先进的生产技术来提高我们的管理效果,但是在管理过程中每一个环节之间的检验、交接工作是非常重要的,也是 QC 工作的重要部分。请参看以下在现代化工厂中拍摄的图片,有序的管理将会带来更多的效益,如图 1-2-5～图 1-2-10 所示。

图 1-2-5 悬挂式布检机。用于大批量的验布过程,机器滚动过程中可以清晰的看见布料的瑕疵,便于检验和记录

图 1-2-6 平铺式布检机。用于大批量的验布过程，边上的计数器可清晰的反映出有瑕疵的部分在几米处，便于裁剪排料过程中的避疵

图 1-2-7 人工翻阅布检。适用于小批量的布检过程，靠双人手工翻阅查找布料的瑕疵部分

图 1-2-8 有序的成衣生产车间。每个组中都配有相应的工作量统计板，方便记录目标产量和进度

图 1-2-9 封样区。每个车间中都有固定放置服装样衣的地方，规范化的制作可以方便解决工人在生产过程中碰到的问题

图 1-2-10　检验区标识。无论是梭织部还是针织部都需要规范的使用颜色来区分工作标准，甚至小到一把皮尺都需要有身份证明。红色代表警示、不合格；黄色代表待检验；绿色代表合格

四、任务实施

（一）案例讨论

根据提供的案例分组讨论 20 min，各组派一名组长阐述观点每组 5 min，总结 15 min。

1. 案例讨论①

A 女士是一位身材气质俱佳的中年时髦女性。由于过去的收入水平一般，所以为了追上时尚的潮流，她的很多服装都是在居民小区的私营服装加工作坊制作完成的。可是现在 A 女士发现这类的服装私人加工点越来越少了，甚至连过去有联系的几位师傅也都相继退休。幸好，现代服装成衣化生产发展迅猛，目前 A 女士的衣服可以从商场、市场、专卖店等场所购买。

思考：观察身边的服装定制作坊是否还存在？分析存在或者消失的原因是什么？

2. 案例讨论②

A 女士一直还在寻寻觅觅那种可以量体裁衣、价格公道的服装定制点。有一天她发现家附近的建国路上开了一家类似的服装店，她赶紧去了解情况。走进店里，高档的装修、融合的背景音乐、华丽的面料陈列、幽雅的着装模特都预示着这里的消费不便宜。果然，A 女士了解到这里是一家高级礼服定制店，可以定作套装、礼服、婚纱等高档次的服装，价格根据款式和材料而定，一般起步价在 3 000 元以上。

思考：一些高档的个性化服装工作室是否可以取代过去的服装定制作坊？为什么？

3. 案例讨论③

某大型服装企业接到了一份欧洲客户的来样加工订单，企业按时完成产品后报关出货。最后的装箱抽检在双方 QC 见证下进行。但是结果令企业大惊，有五分之一的抽检产品尺寸不合格。这是怎么回事呢？在经过多方的技术调查后发现，该企业在最近的一次生产工具的采购中出了问题。新进货的卷尺，这个不起眼的小工具，居然和标准尺寸有偏差。导致了一组工人领用了这批卷尺后他们生产的产品一起出了问题。企业领导感叹道"生产中的任何一个环节都不能马虎啊，标准化生产是多么的重要。"

思考：卷尺在生产流程中出现的频率？其他类似的细节你能举例吗？

(二) 服装市场调研

对你所居住的学校生活区附近服装店进行调研，填写相关的分析报告(表 1－2－1)。

表 1－2－1　市场调研报告

达利女装学院服装市场调研报告				
经营模式	店名(品牌)	风格定位	价位(元)	备　注
品牌专卖店				
商场专柜				
个性小店				
其　他				

(三) 参观服装企业的生产流程

安排实地考察一家校外合作企业，完成以下表格的填写(表 1－2－2)。

表 1－2－2　企业参观报告

达利女装学院企业参观报告					
姓　名		参观企业		参观时间	
你参观的服装生产流水线(具体过程)					

（续表）

达利女装学院企业参观报告	
服装厂规范（标准）化管理表现	
参观心得	
其　他	

五、任务反思

评价项目	评价情况
请描述我国服装成衣发展经历了哪几个阶段？	
请描述一名服装 QC 的工作内容。	
请描述服装生产过程的环节组成。	
通过企业的参观，谈谈你对服装生产管理课程的新认识。	

六、任务评价

评价指标	评价标准	评价依据	权重	得分
课堂提问	A：对前次课内容熟悉； B：回答的正确性； C：自我观点的补充。	回答表现	5	
案例讨论	A：分组讨论时的表现； B：阐述观点时的表现； C：观点的正确性。	课堂表现	30	
分析报告	A：书写规范； B：内容齐全； C：分析细致、准确。	市场调研报告 企业参观报告	35	
教学常态	A：遵守校纪校规； B：上课教材资料齐备； C：5S 管理制度。	平时表现	30	
总　分				

项目二　服装生产过程的管理

任务一　服装生产工艺文件的编制、审核与控制

一、学习目标

通过本项任务的学习应该达到以下目的：

1. 了解服装生产工艺文件的由来；
2. 了解服装生产过程中常用的几种工艺文件类型；
3. 掌握工艺文件编制的方法；
4. 了解什么是产品实现过程控制。

二、任务描述

服装生产工艺单是服装生产过程中的重要指标性文件，也是服装检验的指导标准。本项任务就是学习如何根据任务单编制一份生产工艺文件，如何控制各个生产步骤的正常实施，如何在最后的审核中使服装质量与工艺文件相匹配是服装生产管理人员的重要工作。

三、知识准备

（一）服装生产工艺文件的由来

“产品标准、技术标准、管理（工作）标准”是所有生产企业必须具备的三个基础标准，也称之为“三基”标准。

工艺文件是指导生产统一操作的技术标准。工艺技术标准与企业各类规章制度的性质是一样的。在企业生产与运营的管理过程中，无论是提供有形的产品还是无形的服务，成本控制、质量控制、安全生产、设备管理、绩效改善和员工士气等管理工作量的50％～80％都是在生产现场发生的。因此，重视生产现场的科学管理，为做强做大企业提供不竭的源泉，夯实企业生产运营精细化管理的基础，是当今世界一流生产型企业的共识。

从服装工厂生产的具体产品来看，服装生产工艺文件的由来可以分为两大类，常规款工艺文件和流行款工艺文件：

1. 常规款工艺文件主要是以服装专业生产的产品而言。例如：雅戈尔、杉杉等品牌服

装公司是专门生产男式衬衫西装等服装的企业。工艺文件的制定标准来源于服装企业日积月累而且被论证是有效的经验，编制出了较为规范的常规工艺文件，往往作为企业标准。这类常规款，即便遇到客户提出些特殊要求，也会形成企业标准加客户要求作为工艺文件，发放到生产各部门。

2. 流行款工艺文件，则主要以设计开发为主的服装生产厂，工艺文件的制定标准来自设计和开发。从最开始的设计、到样衣被确认、到后续生产、到客户意见的综合过程来确定修改工艺细节。所以流行款的工艺是在设计和开发过程中，在与客户和市场要求的不断变化中逐渐形成的，这样的工艺一般无参照依据，所有工艺参数都是在试验和实践中产生。

（二）服装生产工艺文件的编制

服装生产工艺文件是服装实现过程中用来帮助管理人员分析、控制实现过程的依据，也是统一操作的技术法规，有些生产企业也称为作业指导书。技术文件要完整、准确并便于操作执行，它是 QC 较容易取得的所需资料，能更有效的管理所属部门。

1. 常规款生产工艺单的编制

常规款生产工艺单是生产技术部门首先拿到的指导性文件，也称之为生产合约书。一般这类表格都是由有经验的管理人员设计，当然也可以由有经验的专业顾问代劳设计，它的编制内容主要包括以下 11 个方面：

（1）表头设计是整张表格归档的重要依据所在。表头主要是用于对订单、客户、款式等主要信息进行交代，内容包括客户名、品名、订单号、数量、交货期等信息，见表 2-1-1。

表 2-1-1　表头

客户	青年汽车学院	品名	实训车间工作服	数量	450 件
订单号	SZ001-20110505	款号	NV120111	交货期	2011-06-10

（2）规格表编制：如果是内销产品，应先设计出中间号各主要部位的尺寸，然后按照国家《号型标准》推算出其他大小码各档的主要部位成品尺寸，标出每个规格的生产数量。如果是出口产品，外商客户会提供他们所需要的规格表等相关内容，企业按客户提供的资料编制即可，见表 2-1-2。

表 2-1-2　规格表

（单位：cm）

部位名称	尺　码					
	160/84A	165/88A	170/92A	175/96A	180/100A	极限偏差
衣长	56	58	60	62	64	±1
胸围	96	100	104	108	112	±1.5

（续表）

部位名称	尺　　码					
	160/84A	165/88A	170/92A	175/96A	180/100A	极限偏差
肩宽	39	40	41	42	43	±0.5
袖长	52	53.5	55	56.5	58	±1
袖口	11	11.5	12	12.5	13	±0.2
斜插袋长	12	12.5	13	13.5	14	±0.2
嵌条宽	2	2	2	2	2	±0.1
摆围	98	102	106	110	114	±1.5
腰克夫宽	5	5.5	6	6.5	7	±0.1
袖克夫宽	5	5.5	6	6.5	7	±0.1
领座高	4	4	4	4	4	±0.1
翻领高	6	6	6	6	6	±0.1
数量(件)	50	100	150	100	50	450

(3) 单件(套)用料定额表

单件(套)用料也叫用料定额，有经验的打板师和排料师能通过测量样衣主要部位的尺寸推算出来。准确的用料(特别是面料、里料)必须先制出各规格的样板，然后经过紧密排料才能看出，见表 2-1-3。

表 2-1-3　单件(套)用料表

品名	规格	数量	品名	规格	数量
卡其面料	144 cm	1.2 m	钮扣	1.2 cm	2 粒
黏合衬	90 cm	0.3 m	尺寸唛	1.5 cm×4 cm	1 个
拉链	60 cm	1 条			

(4) 装箱单

工艺单中应注明装箱的要求。一般都按照客户的要求进行装箱，方便日后的销售，包括商标、吊牌、织带、塑袋、纸盒、纸箱等。根据常规的成衣装箱方法大致可以分为四种，包括单码单色、单码混色、单色混码、混色混码等，见表 2－1－4。

表 2－1－4　单色单码装箱

箱号	箱数	总数	颜色	每箱可装 50 件				
				160/84A	165/88A	170/92A	175/96A	180/100A
1	1	50	灰	50	—	—	—	—
2—3	2	100	灰	—	100	—	—	—
4—6	3	150	灰	—	—	150	—	—
7—8	2	100	灰	—	—	—	100	—
9	1	50	灰	—	—	—	—	50

（5）针距密度表

为了保证服装的缝制质量，工艺单中应对针距密度做出相应要求与说明，见表 2－1－5。

表 2－1－5　针距密度表

序　号	1	2	3	4
项　目	明暗线	包缝线	锁眼	钉扣
针距密度	12～14 针/3 cm	不少于 9 针/3 cm	12～14 针/1 cm	每孔不少于 8 根线

（6）经纬纱向技术规定

面料经纬纱向的歪斜会造成服装的尺寸偏差，严重的情况甚至会影响服装外形轮廓。经纬纱向技术规定是裁床管理环节的重要指导文件，见表 2－1－6。

表 2－1－6　纱向技术规定表

项　目	要　求
前身	经纱以领口宽为准，不允许歪斜。
后身	经纱以腰节下背中线为准，尽量不歪斜。条格料不允许歪斜。
领面	经纱以前袖缝线为准，大袖片倾斜不大于 1 cm，小袖片倾斜不大于 1.5 cm。
袖子	纬纱倾斜不大于 0.5 cm，条格料不允许歪斜。

（7）极限偏差

极限偏差是指成品各部位尺寸允许的误差大小，其数据包含在规格表中。（表 2－1－2）

(8) 款式图

服装款式图要求效果真实,比例准确,能准确表现服装的结构。它不同于服装效果图,不能夸张表现,如图 2-1-1 所示。

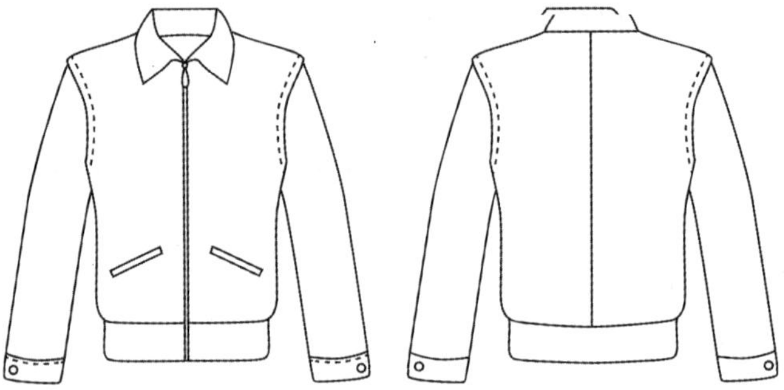

图 2-1-1　服装款式图

(9) 工艺要求

对于不同的服装款式,客户会有不同的质量要求,在工艺文件中应有指导说明。

① 排料与裁剪要求:在面料长度允许的情况下,一套服装的裁片应该保持一致,纱向顺直;裁片要准确,线条圆顺,四周不起毛,经维纱向对齐,裁片齐全。

② 缝制要求:服装各个部位缝纫线要顺直、整齐、平服、牢固;上下线松紧一致,无跳线;袖窿、袖缝、底边、袖口等部位叠针牢固;锁眼定位,整齐牢固;纽脚高低适宜,线结不外露。

③ 整烫要求:服装各部位熨烫平服、整洁、无烫黄、无水渍、无极光、敷黏合衬的部位不允许有脱胶、渗胶及起皱。

④ 外观质量要求:前身挺括、对称;省道顺直;领面平服,领尖对称不起翘;袖子绱袖圆顺,吃势均匀,两袖长短一致;后背平服,肩缝顺直,左右对称。

(10) 特别提示

指的是客户的特别需要做出详细说明,以及国家法律法规中对质量的特别要求也可在此标注。例如,特别提示面料的甲醛释放含量≤300 mg/kg。

(11) 制表人、审核人、日期

这类工艺文件一般都为一式三份,营业部、样板部和客户各一份,作为资料的储存和信息的沟通。

2. 生产通知单

投产前的一切准备工作到位后,业务部应及时向生产部下达生产通知单。生产部接到生产通知后,即可安排生产,以确保生产的顺利进行并能按时交货。服装生产通知单又称服装生产任务书,它是服装生产中的指令性文件,包括以下 14 个方面(表 2-1-7)。

(1) 编号

指本生产通知单的号码,编号应根据年份编写方便日后的管理。制单号必须与大货投产时的生产制造通知单号一致,便于生产各部门对号领料、裁剪、车缝、包装等。

(2) 订单号

国内批发商与国外批发商订单号的表示有别，不同国家的也不相同，但是同一份订单，其单号在所有文件上应一致，以便于各部门之间、各生产车间之间的正确沟通。

(3) 客户

即为下订单的一方。

(4) 款号

指服装样式的编号，例如女装的编号前加“NV”、童装加“T”，其后的数字可以和日期挂钩。NV110011，表示女装2011年第11款。

(5) 生产单位

指本单下达到本企业的生产厂或外发加工厂的名称。

(6) 厂长

生产单位的最高负责人。

(7) 数量

本单的生产总数，单位一般用“件”、“套”，出口的服装也有用“打”。

(8) 计划号

即生产排期号，如11-05-05，即安排在2011年5月5日生产。

(9) 品名

产品种类的名称。

(10) 规格

内销产品一般以国家规定的“号型”作为规格，外单用各自国的规定。

(11) 交货日期

可以按规格分批交货，要写明年、月、日。

(12) 下单人

一般由业务员下单，下单后还要进行跟单。

(13) 接单人

一般由厂长接单。

(14) 附件

指随着生产通知单一同下发的样衣、样板、工艺单、面料小样等。

表2-1-7　达利女装学院生产通知单

编号：NO. 110011

订单号	SZ001-20110505	客户	青年汽车学院	款号	NV110011
生产单位	达利女装学院	厂长	张三	数量	450件

计划号	品名	规格	规格数量(件)	交货日期
11-05-05	实训服	160/84A	50	11-05-15

（续表）

11－05－05	实训服	165/88A	100	11－05－15
11－05－16	实训服	170/92A	150	11－05－26
11－05－27	实训服	175/96A	100	11－06－06
11－05－27	实训服	180/100A	50	11－06－06
合计			450	
下单人：李四		接单人：张三		下单日期：2011－05－01
附件：样衣 1 件；样板 5 套；工艺单 10 份；面料小样 5 份。				

3. 常见的其他形式生产控制文件介绍

当确定了最初的生产工艺文件后，服装企业生产过程中的各个部门会根据这份指导文件，编制适合自己部门使用的具体操作指导性文件。这里列举几种形式，以供参考。

（1）成衣样板制造通知单

成衣样板制造通知单是根据客户的要求制作的文件，主要发给样板及样衣制作部门，见表 2－1－8。主要内容说明如下：

表 2－1－8 成衣样板制造通知单

制单号：　　　　货号：

<table>
<tr><td>名称</td><td></td><td></td><td></td><td></td><td></td><td></td><td></td></tr>
<tr><td>规格</td><td></td><td></td><td></td><td></td><td></td><td></td><td></td></tr>
<tr><td>用量</td><td></td><td></td><td></td><td></td><td></td><td></td><td></td></tr>
</table>

<table>
<tr><td rowspan="7">成品尺寸规格测量部位示意图</td><td colspan="6">成品尺寸规格</td></tr>
<tr><td colspan="2">规格
项目
编号</td><td></td><td></td><td></td><td>公差(±)</td></tr>
<tr><td>1</td><td>衣长</td><td></td><td></td><td></td><td></td></tr>
<tr><td>2</td><td>胸围</td><td></td><td></td><td></td><td></td></tr>
<tr><td>3</td><td>肩宽</td><td></td><td></td><td></td><td></td></tr>
<tr><td>4</td><td>领围</td><td></td><td></td><td></td><td></td></tr>
<tr><td>5</td><td>袖长</td><td></td><td></td><td></td><td></td></tr>
<tr><td rowspan="4">面/辅料小样</td><td>6</td><td>腰围</td><td></td><td></td><td></td><td></td></tr>
<tr><td>7</td><td>臀围</td><td></td><td></td><td></td><td></td></tr>
<tr><td>8</td><td>裤长</td><td></td><td></td><td></td><td></td></tr>
<tr><td></td><td></td><td></td><td></td><td></td><td></td></tr>
</table>

（续表）

工序及加工工时：	
缝纫工艺要求：	
裁剪及品质检验要求：	
用料面积（cm^2）：	面料价格：

制表人：　　　　　　　　　　　　审核人：　　　　　　　　日期：　　年　　月　　日

注：此表一式三份，营业部、样板部和客户各一份。

① 制单号：制单号必须与大货投产时的生产制造通知单号一致，便于生产各部门对号领料、裁剪、车缝、包装等。

② 款式：使生产各部门更好地了解加工订单生产类别和式样。

③ 尺寸：成衣的尺码及一些主要部位的尺寸（包括定位尺寸）。

④ 图例及度量方法：通常应绘制出服装款式的平面图，图中注明需度量尺寸的地方。

⑤ 面/辅料小样：制造样板时能清楚布料的成分，正确使用布料，样板准确规范。

⑥ 用布量：大货生产时的用料指标。

⑦ 车缝工序及其时数：每道工序的内容和所需的生产时间。

⑧ 制作注意事项：对重要工序的提醒。

⑨ 裁剪及品质检验：在这一栏里阐明裁剪和品质检验方面的注意事项。

⑩ 制表人、审核人、日期。

样板制造单通常是一式三份，营业部、样板部和客户各一份，作为资料的储存和信息的沟通。

（2）裁床明细表

裁床明细表见表2-1-9。明细表文件的内容说明如下。

表2-1-9　裁床明细表

制单号		号型规格								
客户		规格数量								

（续表）

<table>
<tr><td>款式品名</td><td></td><td>实际用料</td><td></td><td></td><td></td><td></td><td></td><td></td><td></td><td></td></tr>
<tr><td>规格搭配</td><td></td><td>颜色</td><td></td><td></td><td></td><td></td><td></td><td></td><td></td><td></td></tr>
<tr><td>铺料长度</td><td></td><td>铺料层数</td><td colspan="8"></td></tr>
<tr><td>铺料床数</td><td></td><td>铺料方式</td><td colspan="8"></td></tr>
<tr><td>打号规定</td><td></td><td>分扎规定</td><td colspan="8"></td></tr>
<tr><td colspan="2">备注：</td><td colspan="9">技术要求：</td></tr>
</table>

审核人：　　　　　　　　制表人：　　　　　　　　签字日期：

注：此表一式三份，裁床部、资料部、生产部各保存一份。

① 制单号：必须与生产制造通知单中的制单号相吻合。

② 款式

③ 客户

④ 制单数：裁剪的数量以制单数为准。

⑤ 数量：本床次裁剪的总数量，其中尺码、颜色、数量的分配，即本床中每扎裁片的编号分配。

⑥ 实裁数量：实际裁剪的数量应比制单数多些，确保按合同规定数出货。

⑦ 铺料：本床布共拉布铺料的层数、床次、长度、方式。

⑧ 打号分扎规定：号码的编排方法。

⑨ 技术要求。

⑩ 制表人、审核人、日期。

裁床明细表至少一式三份，即裁床部、资料部和生产部各一份。

(3) 服装产品装箱表

见表 2－1－10，其主要内容如下：

表 2－1－10　装箱表

合同接单时间：　　年　月　日　　　　　　　　合同完成时间：　　年　月　日

<table>
<tr><td>合同号</td><td colspan="3"></td><td colspan="3">生产单号</td><td colspan="3"></td><td>客户</td><td colspan="3"></td></tr>
<tr><td>布料货号</td><td colspan="3"></td><td colspan="3">成品货号</td><td colspan="3"></td><td>数量</td><td colspan="3"></td></tr>
<tr><td>包装类别</td><td colspan="3"></td><td colspan="3">包装尺码</td><td colspan="3"></td><td>毛重</td><td></td><td>净重</td><td></td></tr>
<tr><td>箱(包)号</td><td colspan="9">尺码颜色搭配</td><td colspan="4">总数＝打(件)×箱(包)数</td></tr>
<tr><td></td><td>色号</td><td colspan="8">尺码</td><td colspan="4"></td></tr>
<tr><td></td><td></td><td></td><td></td><td></td><td></td><td></td><td></td><td></td><td></td><td colspan="4"></td></tr>
</table>

（续表）

合计										
买方地址										
发票号码						订单号码				
箱唛						颜色尺码分配表				
包装箱编号						各颜色尺码的数量				
装运地						目的地				
备注										

装箱人：　　　　　　　　　监督人：　　　　　　　　　出厂日期：　　　年　　月　　日

① 合同号、客户。

② 制单号。

③ 数量。

④ 装箱数：装箱的总箱数。

⑤ 发货地：成衣发货所在地区的地名，也可以是厂址。

⑥ 落货期：完成成衣的时间或给客户发货的时间。

⑦ 箱唛：又称箱的标签。注明款号、数量、颜色、尺码、产地等。

⑧ 收货地：收取货品的地区、地名或厂址。

⑨ 尺码、颜色及数量的分配，每个尺码及颜色所装的数量。

⑩ 装箱人、监督人、日期。

服装企业生产活动的信息文件还有很多，如领料单、订料单、工价调整表、业务通知、物料退回表、物料单等。不论是主要文件，还是次要文件，在整个生产经营活动中，都起了信息传递和沟通的作用，使生产运作顺畅、有序。

（三）服装生产工艺文件的控制

学习了怎样编制一份正确指导工作的服装生产工艺文件，接下来面临的就是如何有效执行这些文件的问题。首先需要了解一个概念，什么是控制？控制是为了确保生产过程处于受控状态，对直接或间接影响产品质量的生产、安装和服务过程所采取的作业技术和生产过程的分析，诊断和监控。它的作用在于对生产过程的质量控制进行系统安排，对直接或间接影响过程质量的因素进行重点控制并制定实施控制计划，确保过程质量。

对于服装生产工艺文件的控制主要有两个方面，对执行文件的制度管理和对工艺编制审核人员的管理：

1. 明确执行文件的制度管理。一个命令的执行成功与否必须有相应的管理制度配套，奖惩制度需明确

（1）有违规处罚文件，有明文规定的处罚细则。有些规模较小的公司目光较短，只看见眼前的利益，把处罚当成一项收益来运作。另一种就是当公司的管理层对公司出现的某些不好的行为或现象无法控制时，而采用的一种手段，结果是要约束大家不再就犯。处罚不是目的，只是一种控制计划实施的方法，能让公司的运作更顺畅、制度更完善。

（2）有违规责任的划分原则。《史记·商君列传》中记载"天子犯法与庶民同罪"，出了问题无论责任人的身份是什么都要秉公办事，我们可以根据事件的涉及人员大致分为直接责任、管理责任、领导责任等几方面。在明确责任归属后再进行相应的奖惩。

（3）有违规后的改善要求。出了事故后要认真总结失败的教训，纠正工作中的错误，做好积极预防的措施使事故归零。真正做到"不迁怒，不二过"。

2. 对工艺编制审核人员的要求。工艺文件的编制人和审核人必须是不同的两个人，就像财务管理中的出纳和会计

（1）工艺编制人员要有实践经验，有一定文化程度，必须经过岗位培训和跟师过程，工作态度认真，作风严谨，有一定沟通能力。

（2）工艺审核人员，需获企业最高技术管理人员或总经理授权资格。

（3）工艺控制人员，代表的是企业总经理，负有实情报告的责任。

四、任务实施

（一）编写生产工艺单一份

2011 年 7 月 1 日接到达利女装学院军训服制作任务，款式图如图 2－1－2 所示，任务表见表 2－1－11。服装不分男女款式，共计 5 个号型(160/84A、165/88A、170/92A、175/96A、180/100A)服装 2000 套，于 2011 年 8 月 30 日交货。

表 2－1－11　任务服装尺寸表

160/84A(M)	165/88A(L)	170/92A(XL)	175/96A(XXL)	180/100A(XXXL)
300	500	500	500	200

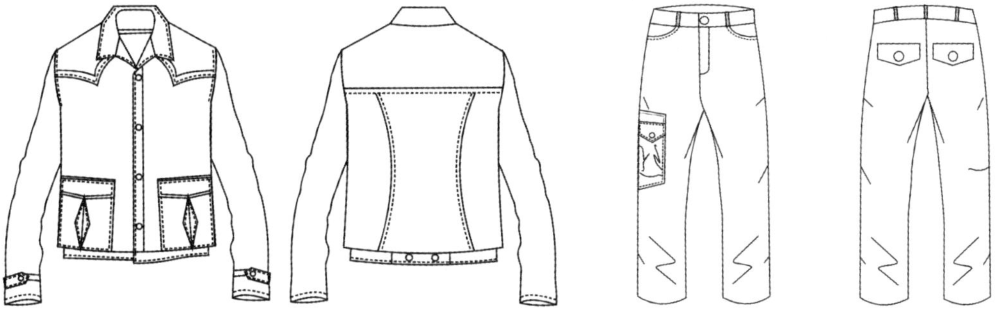

图 2-1-12　任务服装款式图

（二）编写生产通知单一份

五、任务反思

评价项目	评价情况
请简述服装生产工艺单的基本内容？	
请简述工艺编制审核人员的要求。	
请简述什么是控制。	

六、任务评价

评价指标	评价标准	评价依据	权重	得分
课堂提问	A：对前次课内容熟悉； B：回答的正确性； C：自我观点的补充。	回答表现	5	
生产工艺单编制	A：编制项目的完整性； B：编制内容的可行性； C：编制条理清晰。	文件编制	35	

(续表)

评价指标	评价标准	评价依据	权重	得分
生产通知单编制	A：编制项目的完整性； B：编制内容的可行性； C：编制条理清晰。	文件编制	30	
教学常态	A：遵守校纪校规； B：上课教材资料齐备； C：5S管理制度。	平时表现	30	
总分				

任务二　服装生产的策划

一、学习目标

通过本项任务的学习应该达到以下目的：

1. 了解服装生产策划的前提条件是质量策划；
2. 掌握服装生产策划的基本内容；
3. 学习服装生产策划的步骤；
4. 了解直接过程和支持过程对服装生产策划的重要性；
5. 掌握生产计划的编制方法；
6. 掌握服装生产过程中的控制内容与方法。

二、任务描述

为了有效的保证服装产品的生产实现，制定一份完整的服装生产策划就非常必要。生产策划是为了开发或生产新产品时做的准备活动，需要多部门配合的高效运作活动。学习根据策划制订具体的生产计划，它是企业进行生产管理的依据，对企业的生产进程做出统筹安排，规定企业在计划内产品的品种、质量、数量和进度控制等指标。

三、知识准备

服装生产策划是为了开发或生产新产品时做的准备活动。它是一种结构化的策划方法；是一种目标明确，需要多部门配合的高效运作活动；是一种必须使用某些分析工具的策划活动；是组织对产品实施控制的源头。

如果服装生产策划不到位或发生偏差，会直接影响后续活动的实施，影响质量管理体系的运作效果。因此，服装生产的策划应引起充分重视。

（一）PDCA 与质量策划

PDCA 循环又叫戴明环，是美国质量管理专家戴明博士提出的，它是全面质量管理所应遵循的科学程序。全面质量管理活动的全部过程，就是质量计划的制订和组织实现的过程，这个过程就是按照 PDCA 循环，不停顿地周而复始地运转的。

“P”是 PLAN：制定目标和计划。一个人在开始一段新的职业生涯前，最重要的事情就是明白自己究竟想要什么。当你明白自己真正想要的目标时，你就要为这个目标定下时间表，告诉自己一年之后应该做得怎样？两年以后做得怎样？如果可能的话，还可以把目标进一步划小，把时间分得更精确。这样可以让你知道接下来该干点什么，没有目标的人只能是虚度时光，到头来一事无成。

“D”是 DO：开始行动，实施计划。有许多人每天会产生无数的想法要改变自己的生活状态，羡慕别人的成功，不停地对自己说，要是我在他那个位置上也会怎么怎么样，却不付出行出，只有规划，没有行动是永远达不到彼岸的。不惧风险、排除风险、立即行动，并运用正确的方法和方式行动的人才有可能达成自己的理想。

“C”是 CHECK：对行动的结果进行检验。每个人，在工作一个阶段以后，都应该反省一下自己今天所做到的和自己的理想还有多远。如果以其他人做参照的话，也可以了解一下自己的选择和努力是否让自己满意。拿现在的自己和过去的自己，拿自己和别人，拿现状和理想做个比较，这是走向进步不可缺少的一步。孔子的“吾日三省吾身”也是这个道理。

“A”就是 ACTION：纠正错误，调整方向。当反省之后，你会得出一些结论。总结自己获得的经验和教训，纠正自己的错误，如果发现自己的方向偏离了轨道，要及时调整。

PDCA 是一个循环，这四个过程不是运行一次就完结，而是要周而复始地进行。一个循环完了，解决了一部分的问题，可能还有其他问题尚未解决，或者又出现了新的问题，再进行下一次循环要准确理解产品生产的策划，还必须研究什么是质量策划。GB/T19000—2000 标准将“质量策划”定义为：“质量管理的一部分，致力于制定质量目标并规定必要的运行过程和相关资源以实现质量目标。”根据这一定义进行质量策划应首先制定质量目标。

根据组织的实际需要，质量目标可以是质量管理体系的目标，也可以是客户对产品的要求；也可以是企业自行设定的目标；也可以是相关法律法规。为实现这一目标，通过策划，安排组织的机构设置，分配职责，识别和确定所需过程，配备必要的资源等，从而实现质量管理体系目标的构思和决策过程，即质量管理体系的策划。策划的结果可以用来指导建立质量管理体系，编制质量手册、程序文件以及相关的质量管理体系文件，也就是我们完成的上一任务“服装生产工艺文件的编制、审核与控制”。通过质量管理体系的运作，实现质量管理体系的目标。

(二) 服装生产策划的方法、要求、内容

服装生产策划的基本方法为“同步技术”。其特点有，过程之间沟通紧密，成本低，非逐级转换，策划质量高。

服装生产策划的要求有：根据不同的顾客有不同的策划要求；必须识别顾客对服装生产策划的要求，并实施。立项时应进行识别，按顾客要求的步骤、格式进行策划。

进行服装生产策划的内容，可以从以下方面考虑：

1. 服装生产的策划必须针对具体产品制定质量目标，等同于部队制定战略目标。项目或合同的要求进行，如果离开具体的产品或项目，服装生产策划就无从谈起。不同的产品或项目，具有不同的质量目标、策划内容和策划结果。例如，有的组织或产品存在设计和开发过程，有的则不存在设计和开发过程；有的组织或产品存在外包过程，有的则不存在外包过程；有的产品需要编制工艺文件或作业指导书，一些简单产品则不需要编制工艺文件或作业指导书。因此，组织实施产品实现的策划，必须什对具体产品或项目确定质量目标，识别和确定这一产品或项目所需的过程和应配备的资源等。

审核员在现场审核策划时，必须以抽查某种产品或项目的策划为依托进行审核。如果离开了具体的产品或项目，审核只能是无的放矢，不会查出实质内容。如果组织存在较多策划的产品或项目，可以采用抽样的方式进行审核。通过抽取有代表性的产品，综合评价产品生产的策划与标准要求的符合程度，并通过后续的各种活动综合评价策划的效果。

2. 全面了解客户需求，做到知己知彼。生产策划是产品形成全过程的策划，属于产品寿命周期范围内的策划。策划应从了解顾客要求开始，对如何实现这一目标的设计、采购、生产和服务的提供、产品的验证、销售、交付以及售后服务等全过程进行安排。有人将生产策划范围比喻为“产品从孕育到降生”的全过程安排和构思，这是比较恰当的。

3. 通过策划对具体的产品或项目展开作战方案的细化，识别和确定产品实现所需过程。首先确定产品的质量目标和相关要求，这是生产策划的重要内容，也是后续各项活动的最终目的，产品的质量目标应重点考虑顾客关心的与产品质量特性有关的功能和性能的要求。例如；产品的寿命周期、可靠性；服务的时间性、文明性、安全性、舒适性等。质量目标策划是否恰当，将对能否增强顾客满意起到重要作用。

然后才是具体方案的设计，这一过程的识别和确定，应是产品形成的全过程，包括是否存在外包过程，是否存在过程的删减等内容。策划的结果可以用流程图的方式表述，也可以用文字描述。一般情况下，给出流程图并配合必要的文字说明，是比较清楚的表示方式。

4. 通过策划提出文件的需求。策划的结果，可以给出产品所需文件清单，或以其他方式表述，也可以口头提出，作为后续活动编制所需文件的依据。产品实现所需的文件必须针对不同过程而言。不同的过程需要不同的文件；了解顾客要求，需要市场调查的相关文件；设计和开发，需要设计输入和设计输出文件，以及评审、验证和确认等文件；采购应依据采购信息或相应标准；生产和服务的提供，需要工艺文件或服务规范；检验需要产品接收准则等文件。但要注意的是，策划的结果只是提出需要的文件。并未要求编制或形成相关的具体文件。文件的编制和批准，应通过策划后的相关过程完成。

5. 产品生产所需的资源。这些资源可以包括人力资源、生产设备、检测和试验设备、生产场地等。不同的过程需要不同的资源。通过策划，应给出各相关过程对人员资格的要求、使用的基础设施及工作环境要求等。策划的结果，可以给出某种产品（或通用产品）所需基础设施清单，作为GB/T19001～2000标准6.3条款确定基础设施的重要依据。可以给出产品所需人员及能力要求清单，作为配备人力资源或培训的重要依据。

6. 策划所需记录。从了解顾客要求、签订合同、设计、采购、生产和服务的提供、检验和试验，直到产品的交付和售后服务，确定产品或项目需要哪些记录、策划的结果。可以给出所需记录清单、编号，规定记录的内容、形式，建立质量记录，以及记录的控制等，经有关领导批准后实施。

7. 策划产品所需的验证、确认、监视、检验和试验活动，并确定产品的接收准则。其中，产品的验证和检验、试验等活动，可以作为识别过程的组成部分，产品接收准则也可以作为文件的组成部分。值得注意的是，这里的产品接收准则应结合产品的质量目标，通过策划作出明确规定，而不仅仅是提出接收准则的需求。策划过程应包括识别哪些是组织的监视活动，哪些是组织的测量活动。根据策划的结果，作为 GB/T19001～2000 标准 76 条款提出的配备所需监视和测量装置的重要依据。

针对以上内容，组织应根据产品的实际需要进行策划。策划的结果，应根据组织的实际需要予以表述，适应于组织的运作方式。GB/T19001～2000 标准 7.1 条款 a 至 d 都是标准要求中的适当内容。如果组织对以上内容的策划是实际操作中不需要的，可以简化，也可以不做安排。通常情况下，以上内容需要通过产品实现的策划做出规定，以便产品或项目的质量目标能顺利实现。

服装生产的策划仅仅是 PDCA 循环的策划阶段，具体实施和效果必然要通过后续的各项活动完成并做出评价。

（三）服装生产策划的步骤

当客户对服装的生产策划没有太多特殊要求时，我们的策划步骤可以参考表 2－2－1 中的内容进行：

表 2－2－1　服装生产策划步骤

序号	步　骤	要　　求
1	计划、确定项目阶段	接收顾客产品生产意向。顾客开发意向可由顾客提出；识别顾客的特殊要求；自行开发的产品，应进行可行性研究。
		进行报价/投标，对开发合同进行评审。对拟开发的产品进行成本核算，确定销售价格；向顾客报价/投标；自主开发的产品，应确定目标成本；对开发合同进行评审，研究制造可行性；可行性研究后，可与顾客签订开发合同。
		签订产品研发合同，接收顾客技术资料。顾客同意报价且可行性研究后，与顾客签订研发合同；接收顾客技术资料；消化顾客技术资料；顾客技术资料是设计输入材料。
		进行总体策划，编制质量计划。依据开发意向及顾客要求及可行性研究编制质量计划。内容包括：产品质量目标/技术要求、需执行的产品标准、产品实现的主要过程及要求、产品实现所需的主要文件、产品实现所需的人力资源、全部开发成本的预算、产品实现所需的记录、设备、工装、模具、设施的初等策划、制定具体工作计划表、初步确定出厂检查项目/型式试验项目及技术要求、明确开发过程中的特殊阶段及衡量准则。

（续表）

序号	步　骤	要　　求
2	产品设计阶段（样衣制作）	编制产品设计任务书。依据顾客要求、质量计划、特殊特性编制；形成设计任务书。
		识别特殊特性。如：影响安全/法规/配合/后续加工/重要功能等的产品及过程特性。小组需对特殊特性识别过程进行评价。
		制造设计样件。依设计文件制造设计样件，验证设计的正确性；设计样件是在初始条件下制造的；设计样件制造尽可能采用与批生产相同供方、设备、加工过程；依据验收准则对设计样件进行检验与试验，并判定；若顾客有多次修改要求，则试样生产需多次完成。
		进行设计验证。将设计样件与设计要求相比对，修改设计方案；得到客户的认可，明确各项技术指标。
3	大货工艺设计阶段	编制工艺设计任务书。依据质量计划及各类产品设计文件编制工艺设计任务书，如工艺设计的要求、工艺设计过程、设计方法、数量、期限、责任等。
		对工艺设计任务书进行评审。评审工艺设计任务书可行性、可理解性、可操作性等；对不完善的地方进行修订，并保留记录。
		进行工艺方案设计。包括：过程流程图是产品加工环节中所有物流的描述；过程流程图要明确每一制造过程的主要过程变量及质量特性；过程流程图要明确每一检验、搬运、贮存环节中的主要过程变更；平面布置图是车间平面布置的书面描述。若新产品不涉及过程流程及平面布置的变化，可采用原有老产品的平台。
		编制过程指导书。包括：工艺文件、检验文件、返工作业指导书、设备保养细则。编制过程批准准则。
		依据设计任务书，过程指导书，质量计划编制。过程批准准则可针对工序类别制定。
		编制包装规范。依据产品设计文件，设计任务书，质量计划编制，包括包装材料要求和包装方法。
4	产品/过程确认阶段	进行小批试生产。试生产的数量应符合顾客要求；试生产要完成的任务包括：进行工艺验证、对加工过程进行批准、评价包装效果、针对设计/更改设计的工序，进行作业准备的验证。
		对试生产过程进行评估，出具评审报告。
		编制现生产控制计划。
		完善工艺文件，检验文件。指导大批量生产。
		对特殊阶段进行监测。
5	批量生产阶段	与顾客签订供货合同，进行批量生产。
备注： 　　对于相同类型的产品开发，可简化部分开发过程。 　　过程包括：特殊特性明细表；工艺方案设计；试生产控制计划；过程批准准则；包装规范；现生产控制计划。		

(四) 服装生产策划的两个过程

服装生产策划的过程中有两个缺一不可的过程——直接过程和支持过程。

1. 直接过程指的是设计开发部、采购部、设备动力、生产管理部、品质管理部(含检验和控制)等。不能否认,直接过程毕竟是实现产品的过程,这就决定了他工作性质的重要性,决定了他需承担支持服务过程质量以及直接过程质量的双重质量,决定了他要承担体现在产品质量上的一切责任,因为产品代表了企业的综合实力。

2. 支持过程指的是非直接制造产品的职能或人。如:经营业务部、行政后勤部、人力资源部、动力能源部、信息部等相关部门。可以比做军队中的后勤、信息、医务等岗位。

作战部队的战术以及最终的结果,同样可以体现整个战略部署的成败。两者有着内在联系,且相互作用。策划/战略再好,实现/战术不力会失败。实现/战术再好,策划/战略不慎密同样会失败。服装生产策划的原则和方法,适合于创业、企业经营、投资、产品技术开发乃至家庭的建立与经营。知己知彼,系统全面的掌控,坚持认真的实践,都能使我们少犯错,少走弯路,而这些错和弯路的减少,正是能让你赢得时间,比别人领先一步的机会。

(五) 生产计划的编制

生产计划可以按企业生产经营活动中所处的地位和影响时间的长度,划分为长期生产计划、中期生产计划和短期生产计划等层次。这三个层次的计划紧密相关、相互依存,构成了一个完整的生产计划体系。

1. 长期生产计划

这种计划的时间长度为一年以上至五年,以至十年,是根据企业经营战略中有关产品开发、市场开发、技术改造、设备投资和成本财务等方面的要求,对企业生产能力的增长、生产线的设置和调整、厂区布局的调整、生产职工结构的调整以及环境保护等方面作出安排的。显然,这个计划是企业长期经营的一个主要组成部分,又是指导年度计划的一个重要文件。这种长期生产计划多出现于20世纪80年代的纺织厂,是一种计划经济的产物。

2. 中期计划

这种计划时间长度为一年或一季,故也称为年(季)度生产计划。这种计划的编制,应以长期供产销的实际条件为出发点,确定企业生产规模的总产量指标。

3. 短期生产计划

这种计划的时间长度是月度以内,是年度生产计划的具体执行计划,也称生产作业计划,用以指导各个生产环节日常的生产活动,同时也作为供产销等所有与生产有关的环节进行衔接平衡的基本依据。根据日程的长短我们还可以做以下分类:

(1) 编制大日程计划(月计划排单表)

大日程计划一般是由厂长根据销售预测计划产品之制造成本及利润。生产控制部根据业务部的计划定单或计划意向,根据订单的货期和生产工厂的产能,合理编制月生产计划,一般在生产控制部或生产管理部完成。为了保证如期交货,把有关产品设计、物料采购、产品制造、包装等作业,按作业分工要求,规定作业的开始和完成日期,并落实到有关的车间、部门、让各部门了解在计划中所承担的责任及与其他部门的关系。这种计划只能粗略分工,不可能十分精细。参见表 2－2－2 和表 2－2－3。

表 2－2－2　月份服装生产排单表(1)

出货日期	客户	制单号	品名	数量	生产车间	计划完成	备注
2011－05－20	青年汽车学院	SZ001－20110505	实训工作服	150 件	二楼工厂	150 件	
2011－05－31	青年汽车学院	SZ001－20110505	实训工作服	150 件	二楼工厂	150 件	
2011－06－10	青年汽车学院	SZ001－20110505	实训工作服	150 件	二楼工厂	150 件	
合计				450 件		450 件	

主管：张三　　　审核：李四　　　填表：冯五　　　填表日期：2011 年 5 月 5 日

表 2－2－3　月份服装生产排单表(2)

(5)月份　　　　　　　　　　　　　　　　　　　　预定工作总时数：1 800

制单号	产品名称	产品数量	生产单位	生产日程	预计工时	实际工时	估计成本			其他费用	备注
							面料	辅料	工资		
SZ001－20110505	实训工作服	300	本厂	0505－0531	1 800	1 500	5 400	900	10 000	2 000	

配合部门需用工时				预计生产目标		估计毛利		说明
供应部门	80	包装车间	120	总工时	1 800	其他附加	1 000	
裁剪车间	150	后勤部门	60	每工时产值	3	其他费用	1 000	
整烫车间	200	其他部门	40			估计毛利	24 000	

生产厂长	张三	审核人员	李四	计划人员	冯五
部门主管	赵大	填表人员	冯五	填表日期	2011－05－05

(2) 编制中日程计划(周计划排单表)

中日程计划是针对月计划进行的修正及调整,通常以周计,周计划的准确度应达到 95%以上,不允许随意变动。在编制产品中日程计划时,应统筹兼顾,合理安排各种产品的加工顺序,做好生产能力与负荷的平衡工作,保证销售计划的如期完成。中日程计划举例,见表 2－2－4,如图 2－2－1 所示。

表 2－2－4　车间周生产计划表

生产线号：第三组　　　　　　生产配备人数：10　　　　　　编制日期：2011 年 5 月 5 日

生产单号	产品型号	批量	周计划产量	交货日期	日生产计划产量(2011 年 5 月 9 日～2011 年 5 月 15 日)							相关说明
					周一	周二	周三	周四	周五	周六	周日	
SZ001－20110505	NV120111	100	40	05－20	—	—	—	10	10	20	休息	前三天为流水部件

审核：张三　　　　　　　　复核：李四　　　　　　　　编制人：冯五

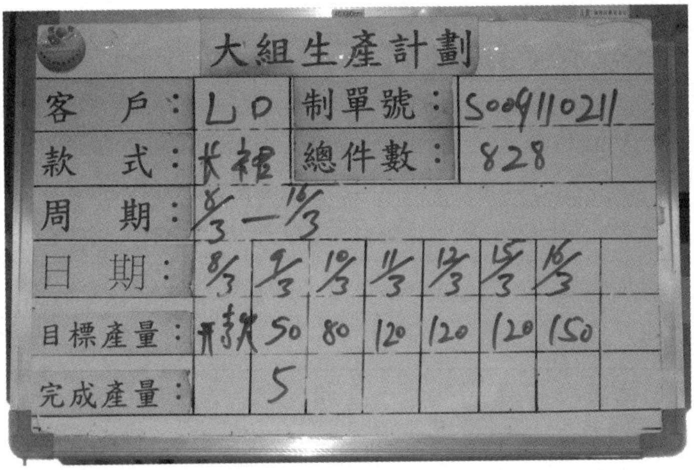

图 2-2-1 工厂中实际的日计划表会以白板手写形式出现，方便修改

(3) 编制小日程计划(日计划排单表)

单件生产的小日程计划是具体的作业实施计划。它是将作业分配到工作地和操作者，并指明作业的开始时间和完工时间。各项作业只有严格遵守规定的日程，才能保证各工序的时间衔接，否则，生产秩序就发生混乱。有时，小日程计划可作为每日的生产安排，每日生产计划根据周日程计划内容所指定的制单、产品及数量来安排生产，通常每日上班前写在“看板”上或通知栏中。机器使用较多的部门，为了便于管理，可以按机器安排当日的工作和顺序。

(六) 生产计划与控制

在服装公司的组织机构中，生产控制部或生产管理部，始终是一个重要部门。生产计划，是生产控制部的重要职责。

1. 服装生产实现过程的控制 (production process control)为确保生产过程处于受控状态，对直接或间接影响产品质量的生产、安装和服务过程所采取的作业技术和生产过程的分析，诊断和监控。

2. 服装生产实现过程的控制的作用在于对生产过程的质量控制进行系统安排，对直接或间接影响过程质量的因素进行重点控制并制定实施控制计划，确保过程质量。

3. 服装生产实现过程的控制的内容主要有：

(1) 物资控制、可追溯性和标识。生产过程所需材料和零件的类型、数目及要求要作出相应规定，确保过程物资的质量，保持过程中产品的适用性，适型性；对过程中的物资进行标识，以确保物资标识和验证状态的可追溯性。

(2) 设备的控制和维护。对影响产品质量特性的设备工具、计量器具等作出相应规定，在使用前均应验证其精确度，在两次使用间合理存放和防护，并定期验证和再校准；制定预防性设备维修计划，保证设备的精度和生产能力，以确保持续的过程能力。

(3) 生产关键过程控制管理。对不易测量的产品特性，对有关设备保养和操作所需特殊技能以及特殊过程进行重点控制；及时改善和纠正过程中的不足，在生产过程中，以适当的频次监测、控制和验证过程参数，以把握所有设备及操作人员等是否能满足产品质量的需要。

(4) 文件控制。保证过程策划的要求得以实现，并保证在过程中使用的与过程有关的文件都是有效版本。

(5) 过程更改控制。确保过程更改的正确性及其实施，明确规定更改职责和权限，更改后对产品进行评价，验证更改的预期效果。

(6) 验证状态的控制。采用适当的方法对过程的验证状态进行标识，通过标识区别未经验证、合格或不合格的产品，并通过标识识别验证的责任。

(7) 不合格产品的控制。制定和执行不合格品控制程序，及时发现不合格品，对不合格品加以明确的标识并隔离存放，决定对不合格品的处理方法并加以监督，防止顾客收到不合格品及不合格品的非预期使用，避免进一步加工不合格品而发生不必要的费用。

4. 服装生产实现过程的控制的形式有：

(1) 管理看板法。利用管理看板控制生产线及全厂订单的控制。它是将作业日程进度要求、作业设备、产品名称、工时数等内容结合起来表示的一种方法。

(2) 根据颜色差别管理进度。对于不同交货期的产品，按不同的月份采用不同颜色的生产制造单或作业传票，如上旬交货的有关作业需用白色、中旬用黄色、下旬用绿色等。采用不同颜色的生产制造单，其目的可以直观判断，便于管理。现场作业者和生产管理人员根据作业票、生产制造单的颜色就可以立即判断哪些在制品应优先加工。

(3) 生产日报表。生产日报表是管理上重要的图表之一，它能体现实际工作状况和应采取的必要措施。生产日报表通常要再加工，由生产计划与管理部门将生产日报表中的资料整理后，再填写生产日报表总表，交生产管理部门查核每天的生产进度。生产日报形式见表 2-2-5。

表 2-2-5　生产日报表

生产组别：第三组				日期：2011-05-15
订单代号	款式代号	计划数量	当日产量	备注
SZ001-20110505	NV120111	10	10	2011-05-12
SZ001-20110505	NV120111	10	10	2011-05-13
SZ001-20110505	NV120111	20	20	2011-05-14
总　　数		40	40	

(4) 电脑通讯设备联网管理。现代通讯的发展将使车间管理实现现代化。电脑联网管理已应用到各行各业，通过网络，可把车间生产现场的情况随时输入电脑，而生产管理部门又通过电脑网络时掌握生产进度，既快速、准确，又方便。

(5) 生产进度跟踪表。生产进度跟踪表是将每一订单编一个号码,数量填入表中,将实际生产产量与计划产量进行比较,这也是订单型生产企业常用的一种表格,见表 2-2-6。

表 2-2-6　生产进度跟踪控制表

编号: SZ001-20110505

生产单号	SZ001-20110505	订购厂商	青年汽车学院	生产数量	450	款号	NV120111
工序名称	生产部门	产品名称	交货日期	生产进度	开工日期	完成日期	质量检验
进货	采购部	工作服	05-07	450	05-05	05-07	05-06—05-07
裁剪	裁剪部	工作服	05-20	450	05-08	05-20	05-09—05-20
缝制	车间 1、2、3 组	工作服	06-05	450	05-10	06-05	05-14—06-05
锁钉	后道部(4 组)	工作服	06-07	450	05-17	06-07	05-17—06-07
整烫	后道部(4 组)	工作服	06-08	450	05-18	06-08	05-18—06-08
检验	检验部(4 组)	工作服	06-09	450	05-20	06-09	05-20—06-09
包装	包装部(4 组)	工作服	06-10	450	05-25	06-10	05-25—06-10
备注: 采购部门以一次采购面、辅料,其余各组以流水操作配合。450 件服装的完成日期为 6 月 10 日。							

主管: 张三　　审核: 李四　　填表: 冯五　　填表日期: 2011 年 5 月 5 日

此外,提高全体职工对进度管理的认识和责任感是很重要的。常言道:"人的因素第一"就是这层含意。

总的计划、作业进度均应在醒目的地方张贴,预定计划执行情况、进展状态、操作员正在进行的工作内容以及还有多少等待的工作应让全体职工心中有数,这样,作业现场就会出现对工序管理给予配合和协调的气氛。计划表、进度表都要用简明易懂的形式张榜公布。

服装企业生产计划的编制和控制,往往会在生产计划编制和实施过程带来许多不确定的因素。有 50%的比率是因为外包方造成,还有 50%中不排除还有服装工厂职能部门因为工作质量造成的问题而影响生产计划的有效实施,还有服装加工厂内部因为工艺、沟通、技能、员工流动、内部协调等问题造成计划无法正常运作。

给我们的启示是,生产计划的编制和控制,应是与产品实现有关的一切环节和过程,纯粹的生产计划,是计划经济时代的产物,而现实是以市场、以客户为中心,这就是生产计划管理概念需要更新的理由。

四、任务实施

(一) 案例讨论

根据提供的案例分组讨论 15 min,各组派一名组长阐述观点每组 3 min,总结 10 min。

1. 案例讨论

一位生产管理副总，受聘于某家颇具规模的针织服装公司。他上任后的第一件事是要求各工厂和各部门，各自举出三个在生产和工作中失败的案例和三个成功的案例。

这位生产副总之所以用这种方法作为第一次工作任务布置给大家，目的之一，是能让大家对以往的工作作一些正反面的回顾；二是通过正反案例，能使他识别公司目前的管理现状。案例准时上交了，在众多的案例中，针织服装2车间的反面案例让他陷入了沉思。

2车间的案例是这样描述：2007年11月，我们做了A客户的订单，由于这个客户我们第一次接触，事前对客户的要求也不很了解，大家都没有引起足够的重视，就开始生产。

客户第一次尾查，指出了袖窿和侧缝处有小孔，不能接受，要返工。大家还没有搞懂和搞清楚技术要求，生产车间就下令马上返工。一阵忙乱后，客户第二次尾查又不接受。这一次返工，大家明白了如何处理小孔的技术要求，但到了客户第三次尾查，还是不接受，这次是因为针法原因，又一次全面返工。

如此反反复复，工厂干部和员工筋疲力尽的坚持到最后，还是有2083件针织服装作为降级接受，损失13.8万元。

思考：通过以上案例，请同学们分组讨论，你认为这家针织工厂存在哪些问题？

（二）服装产品实现策划练习

2011年6月10日接到达利女装学院军训服制作任务。服装不分男女款式，共计5个号型（160/84A、165/88A、170/92A、175/96A、180/100A）服装2000套，于2011年8月30日交货。

要求：1. 服装款式设计必须由全校师生共同投票产生；

2. 投票时间6月22日，确定款式封样后三个工作日内支付订金；

3. 8月30日交货，三个工作日内付清尾款。

160/84A(M)	165/88A(L)	170/92A(XL)	175/96A(XXL)	180/100A(XXXL)
300	500	500	500	200

练习：请根据客户的要求，制订一份详细的产品实现策划书，注意步骤与内容完整。

（三）编写生产计划表

根据策划练习内容，编写相应的生产计划排单表、周计划排单表、生产进度跟踪表各一份。

五、任务反思

评价项目	评价情况
请描述什么是PDCA。	

（续表）

评 价 项 目	评 价 情 况
请简述服装产品生产策划的主要内容与步骤。	
请简述生产计划排单表、周计划排单表、生产进度跟踪表的关系。	

六、任务评价

评价指标	评价标准	评价依据	权重	得分
课堂提问	A：对前次课内容熟悉； B：回答的正确性； C：自我观点的补充。	回答表现	5	
案例讨论	A：分组讨论时的表现； B：阐述观点时的表现； C：观点的正确性。	课堂表现	25	
策划书	A：步骤正确； B：内容齐全； C：生产计划表编制正确。	策划书、计划表	40	
教学常态	A：遵守校纪校规； B：上课教材资料齐备； C：5S管理制度。	平时表现	30	
总分				

任务三　服装原材料的采购

一、学习目标

通过本项任务的学习应该达到以下目的：
1. 了解服装原材料采购控制目的；
2. 知道服装原材料采购控制范围；
3. 认识原材料的采购控制方法及相关要求。

二、任务描述

以经济合理的方法管理生产所需用的一切原材料、配件和工具，使生产活动顺利进行。用最少的钱，发挥最大的供应效率，达到预定的目标。尽可能降低成本，适时、适地、保质、保量地配合生产需求供应物料。

三、知识准备

采购是企业为生产而获得所需要的原材料，向外界所作的购买行为。其目的不仅以最低的采购成本获得所需要的材料，还要能对原材料保质、保量，最终顺利而及时地提供给需用部门使用。

（一）采购部的构建与管理

为保证采购产品的质量，在生产管理项目中，必须明确规定采购要求。采购产品批准要求；程序批准要求；设备的批准要求；与采购产品有关的供方人员资格方面的要求。

1. 采购部门的职能

（1）分析公司原材料市场品质、价格等行情；

（2）寻找物料供应来源，对每项物料的供应渠道加以调查和掌握；

（3）与供应商洽谈，并安排工厂参观，建立供应商的资料；

（4）要求报价，进行议价，有能力的可进行估价，用“货比三家”的方法做出比较；

（5）验收进厂物料的数量和品质；

（6）对供应商的价格、品质、交货期、数量等做出评估；

（7）掌握公司主要物料的市场价格起伏情况，了解市场走势，并加以分析和进行成本控制；

（8）依采购合约或协议控制质量、数量和交货期；

（9）对材料和废料的预防和处理。

2. 采购组织

采购的组织因企业的大小、采购的功能等因素而定。小型企业只需一个采购经理域 再加一位采购助理，或附属于财务部门或生产部门，见表 2－3－1，指定某人负责。大型企业则设采购部门，其专业功能细分为地区采购部门或产品类采购部门等。见表 2－3－2。

表 2－3－1　采购部在小型企业中的组织地位

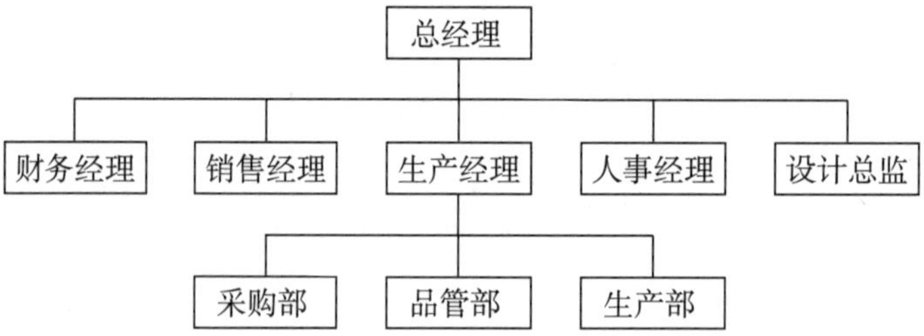

表 2－3－2　采购部在大型企业中的组织地位

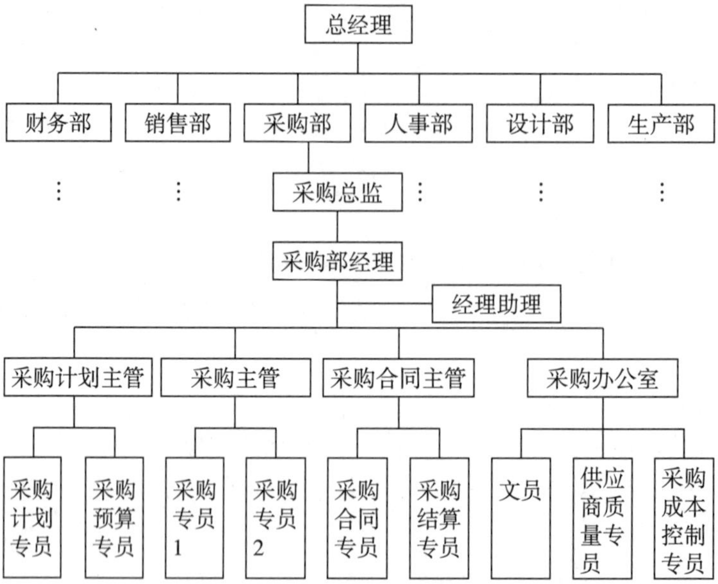

其次，采购部门必须与其他部门之间保持协调的作业关系。采购与财务部门的关系有采购预算、支付政策；采购与生产部门的关系有采购日程、采购数量等。

最后，采购部与运输、仓库、品管部的关系也需保持协调，便于物料的运输配合。与交货时间、仓库的收料通知、品管部的品质检验、品质标准等都有直接的关系。

3. 采购过程中对供应商的评价与审核

选择供应商是采购工作中一项非常重要的工作。供应商供应物料的顺畅，可以使生产连续进行；供应商提供物料品质的稳定，可保障生产产品的品质稳定；供应商提供物料质量的准确，可使公司生产数量准确；供应商交货准时，可保障公司出货期的准确；供应商能与公司直接交流，可使双方的工作进度顺利。因此，选择正确的供应商对公司的生产和销售有直接的影响。

对供应商评价的理念和方法，也是随着社会进步而不断得到改善。新中国成立后，我们所经历的时代大致可以分为三个阶段：第一阶段，以采购方与供方的个人关系来决定采购对象；第二阶段，建立评价体系，在一定程度上了形成了采购管理的模式；第三阶段，建立统计系统，对供应商的评价用数据说话。

(1) 对供方的评价分析主要的意图可以分为以下几个方面：

① 目的：评价和选择对提供产品或服务的供方。以保证采购的物资符合规定的要求，来保证公司产品的服务质量。

② 范围：向本公司提供用于产品的原(辅)料和服务的供方。

③ 职责：物资部负责人参加供方评价并汇总技术部、质管部、生产部决策批准合格供方。物资部负责根据需要联络和选择供方并组织相关人员进行供方评价，见了供方评价和选择档案。

(2) 生产部、质管部、技术部等相关部门参加供方评价：

① 评审标准。对物品及服务质量的评审，依据物品验证方法及标准对所供物品进行验证。根据验证结果的统计，来确定对方是否保持合格供应商的资格。如不合格物品累计超过抽查数量10%公司将考虑重新选定新的合格供方。对服务质量的评审根据管理处反馈的意见进行，并确定供方是否合格。

② 对信誉的审评：供方应遵照合同等要求及时到位提供物品或服务。

③ 价格评价的评审：供方所提供的物品价格应合理，调价幅度不能太大。应该根据合同来定。

④ 后续服务的评审：后续服务应按照双方的协议或合同规定执行，并在不能达到我方标准和要求的条件下，应在我方规定的时间内完成相关的整改工作，直到验收合格。

(3) 一个良好的供应商，应该具备以下条件：

① 有营业执照、资质证书、经营许可证的具备条件；

② 有优秀的企业领导人，高素质的管理干部，稳定的员工群体；

③ 良好的机器设备，良好的技术，良好的管理制度；

④ 了解社会及其他客户对其能力的评价及后续服务的反映；

⑤ 价格因素；

⑥ 特殊要求，如政府指定企业、重要设备 部件的型式实验报告等。

4. 采购的流程

采购是投产前的准备，内容主要包括材料的采购、检验和入库。

(1) 采购部应该根据技术部提供的订单要货数和单件(套)用料定额计算出用料总数，再加上各种允许损耗，列出采购明细清单。见表2-3-3。

表 2-3-3　采购明细清单

采购单号：CG20110505									日期：2011-05-05
采购项目	订单号	排期号	品名	款号	色号	数量	预期单价	需用日期	备注
	SZ001-20110505	2011-05-08	卡其面料	NV120111	灰色	600 m	10 元/米	05-08	幅宽 140
	SZ001-20110505	2011-05-08	黏合衬	NV120111	白	100 m	3 元/米	05-08	
	SZ001-20110505	2011-05-08	拉链	NV120111	灰色	450	2 元/条	05-08	
	SZ001-20110505	2011-05-08	缝纫线	NV120111	灰色	200	4 元/个	05-08	
	SZ001-20110505	2011-05-08	尺寸唛	NV120111	白	450	0.1 元/个	05-08	
咨询记录	供货商	品名	品牌	报价	总价	信誉承诺		交货期	裁决
	柯桥印象纺织品厂	卡其面料	印象	10	6 000	有		05-07	
	爱建服装辅料厂	黏合衬	爱建	3	300	有		05-07	
	爱建服装辅料厂	拉链	爱建	2	900	有		05-07	
	爱建服装辅料厂	缝纫线	爱建	4	800	有		05-07	
	爱建服装辅料厂	尺寸唛	爱建	0.1	45	有		05-07	

（2）由采购员填写采购申请表，经总经理审批后执行采购，见表 2-3-4。

表 2-3-4　采购申请表

采购单号：CG20110505						日期：2011-05-05
采购理由			供应厂商	预算费	出差地点	预算差旅费
订单号	采购品种	使用日期				
SZ001-20110505	卡其	05-08	柯桥印象纺织品厂	6 000	绍兴	400
SZ001-20110505	黏合衬	05-08	爱建服装辅料厂	300	绍兴	
SZ001-20110505	拉链	05-08	爱建服装辅料厂	900	绍兴	
SZ001-20110505	缝纫线	05-08	爱建服装辅料厂	800	绍兴	
SZ001-20110505	尺寸唛	05-08	爱建服装辅料厂	45	绍兴	
总计金额(大写)	捌千肆佰肆拾伍圆整					

（续表）

采购部经理审批： 日期：
总经理审批： 日期：

（3）原材料的质量检验，包括外观质量和内在质量两部分，见表 2－3－5，表 2－3－6。

表 2－3－5 原材料入库检验报告

采购单号： CG20110505	订单号： SZ001－20110505	款号： NV120111	产品名称： 实训服
原材料名称： 卡其	色号： 灰	花型： 无	原材料等级：A 级
总数： 6 卷	抽检数： 1 卷	抽检率： 16%	原材料生产单位： 柯桥印象纺织品厂
两边色差：正常		两头色差：正常	
匹与匹色差：正常		疵点情况：正常（参考附录面料的疵点检验）	
样品：			
抽检结果： 面料有少量粗节纱，无断纱现象。 布边松紧适度，无明显污渍，无明显色差。 检验合格。			
厂检意见： 厂检： 日期：		技术部门意见： 签收： 日期：	

表 2－3－6 原材料理化测试报告

编号：CG20110505			日期：20110507
订单号	SZ001－20110505	款号	NV120111
产品名称	实训服	供应单位	柯桥印象纺织品厂
要货单位	达利女装学院	产品型号	幅宽 144 cm/卡其

（续表）

<table>
<tr><td>原材料贴样</td><td colspan="5"></td></tr>
<tr><td>色牢度</td><td colspan="5">（原材料经过摩擦、熨烫、皂洗试验后测其染色牢度。根据布料深浅级差有所区别。）
摩擦试验后色牢度 4～5 级；
熨烫试验后色牢度 3～4 级；
皂洗试验后色牢度 3～4 级。</td></tr>
<tr><td>自然缩率</td><td colspan="5">（将原材料拆散、摊松、静放 24 小时。）
试前长度 15 cm，试后长度 15 cm，经向缩率 0%；
试前长度 15 cm，试后长度 15 cm，纬向缩率 0%。</td></tr>
<tr><td>喷水缩率</td><td colspan="5">（将原材料用水喷潮，用手搓擦，自然晾干后熨平。）
试前长度 15 cm，试后长度 14.2 cm，经向缩率 5.3%；
试前长度 15 cm，试后长度 14.6 cm，纬向缩率 2.6%。</td></tr>
<tr><td>水浸缩率</td><td colspan="5">（将原材料水浸 2 小时，用手搓擦，自然晾干后熨平。）
试前长度 15 cm，试后长度 13.8 cm，经向缩率 8%；
试前长度 15 cm，试后长度 14.2 cm，纬向缩率 5.3%。</td></tr>
<tr><td>耐热度（干烫）</td><td colspan="5">（用不同的温度试验，测试原材料能够承受的最高温度。干烫温度：棉布 190～200℃，合成纤维织物 150～170℃，黏胶纤维织物 80～100℃，丝织物 110～130℃，毛织物 150～170℃。）
试前长度 15 cm，试后长度 14.6 cm，经向缩率 5.3%；
试前长度 15 cm，试后长度 15 cm，纬向缩率 0%。</td></tr>
<tr><td>pH 值</td><td>8.9</td><td>甲醛释放含量</td><td>40 mg/kg</td><td>增白剂残留</td><td>mg/kg</td></tr>
<tr><td>多氯联苯含量</td><td>mg/kg</td><td>镉、铝、氯、镍残留</td><td>mg/kg</td><td>农药残留</td><td>mg/kg</td></tr>
<tr><td colspan="6">测试说明：
此面料为外套用途，所有理化指标均为正常。检验合格。
测试人：王五</td></tr>
</table>

（4）原材料通过数量复核和质量检测合格后，即可入库保管。

（5）面料开裁时，面料仓库按合同标准计算发放面料。

（二）服装原材料采购控制成因

提高产品的利润，最直接的方法就是利用降低物料成本的方法，使利润所占的比率增加。用最少的钱，发挥最大的供应效率，达到预定的目标。不积压资金，尽可能降低成本，适时、适地、保质、保量地配合生产需求供应物料。

在服装生产中，服装材料进厂有两种渠道，一种是由生产企业自行采购，另一种是由订货客户提供给生产企业。原材料的采购对于产品来说是至关重要的，采购可以降低企业的成本，一般来说原材料消耗占到企业的大部分成本。

1. 因采购而影响成本的三个方面

（1）采购价格。同样的原材料采购途径不同、采购人员不同，采购的价格也会不同，个别情况可能存在较大的差异。因此企业要克服采购价格的高成本，就必须对采购厂家、经销商等做深入研究，通过公开招标，货比三家的原则来确定采购厂家。以此降低采购价格，最终达到降低生产成本的目的。

(2) 采购质量。采购原材料的质量也影响着产品成本，如次不合格残次品较多，直接产生浪费。另外如果原材料产品质量不过关，生产出的产品亦不好，也造成浪费。

(3) 采购过程。采购过程中的运输、保管、装卸等费用，也直接影响着产品的成本。

2. 采购控制的重要性

(1) 采购质量直接影响服装最终产品的质量；

(2) 采购质量直接影响服装生产的计划实施；

(3) 采购质量直接影响采购成本和管理成本；

(4) 采购质量直接影响服装客户的满意程度等。

3. 采购控制的目的

(1) 采购的数量较为正确；

(2) 在事前知道需求数量的情况下，经济地完成采购工作；

(3) 在发料和服务方法上采取有力措施，尽量减少物料的损耗；

(4) 降低因等候物料而造成停工待料的损失；

(5) 为仓储品的会计和物料成本的计算创造更准确的基础资料。

(三) 采购控制范围与控制程度

质量是企业发展之本，直接与产品质量有关的产品，都应该列入控制范围。

1. 采购可控原材料大致可以分为以下五大类

(1) 原料或材料：如布料、里料等；

(2) 间接材料或用品：如纸、划粉等；

(3) 半制成品：如领、袖等；

(4) 配件：如线、拉链、钮扣等；

(5) 成品：如衫、裤等。

2. 采购的控制程度

采购原料分类是根据一定的标准，如基本性质、用途等进行有系统的排列，让性质、用途相近的归并成类。最常用的 ABC 分类法，该法是以价值的高低为分类的标准。通常，在物料中仅少数物料的价值占总成本的大部分，而多数物料的价值则占总成本的小部分。ABC 分类法根据这些情况，将占全部存货数量 25%的物料而其价值占总成本 70%的物料称为 A 类物料；其次，将占全部存货量 25%的物料而其价值占总成本的 25%的物料归为 B 类物料，其余存货量占总数量的 50%，而其价值占总成本的 5%，归入 C 类物料。

(1) 物料的分类有以下几种方法：

① 英文字母法：此法是以一个字母或一组字母代表某项物料。如以 A 代表布料，那么 AA 就代表牛仔布，AB 代表斜棉布等；

② 数字法：这种方法是最原始的方法，将所有物料依照分类标准排列后，从 1 号起依次编号，代表各种物料；

③ 编号法：这是数字法的改进方法，将所有物料分成 10 个大类，分别以 0 至 9 的数字代表，然后再将每大类物料划分为 10 个中类，再以 0 至 9 的数字代表，再按原程序细分；

④ 暗示法：将与物料有关的文字或符号代表该项物料，使之能望文生义。如金属材料以 M(Metal)表示，布料以 F(Fabric)表示等；

⑤ 混合法：此法是以文字、符号、数字等混合使用，表示物料的类别和规格等。如 F12-R-44，其中 F12 表示斜棉布，R 表示红色，44 表示 44 英寸(112 cm)的门幅。

(2) 分类时必须遵循以下原则：

① 一致性：分类的基准必须一致；

② 互斥性：一种物料不能在同一分类标准下，同属两类物料；

③ 完全性：所有物料都要分类列管，不能遗漏；

④ 亲密性：类似或有关联的物料应尽量分在一起，减少物料种类，便于管理。

(3) 采购产品 A 类控制方法：

① 识别和选择供应商；

② 向供方提出质量保证能力；

③ 采购产品使用部门是否满意(顾客)；

④ 售后服务和诚信；

⑤ 财务状况；

⑥ 环保责任；

⑦ 采购产品质量和货期准时情况的统计。

(4) 采购产品 B 类控制方法：

① 采用定量订货方式；

② 中量采购。

(5) 采购产品 ABC 类的区分方法

① 大量采购，获得价格上的优惠。对于 A 类商品，要在测定存货控制标准、采购时间和采购批量的基础上，尽量减少采购次数，宜以分批交货的方式办理，即一次订购，分批交货。这样既可节省采购成本，也不会导致存货的大幅度增加。至于遇上能提供充足货源和优惠条件的供应商，则应尽量与其签订长期购货合同。

② 对于 B 类商品，除了零星采购外，其中需经常购进且能利用长期报价采购方式的，一般应通过连锁总店集中采购，以简化采购手续，并在准确的市场调研的基础上，选定比较合适的供货商，签订长期采购合同。

③ 至于 C 类商品，由于很难定出一个明确的质量标准，制造商也多不愿直接供给，因此宜在调查供给能力和产品质量的基础上，选定若干家特约供应商，在需要时以叫货的方式组织采购。在这里，重要的是在事前与供应商充分沟通，强调不是一次性交易，而是长期交易。如果价格不是相差很大的话，原则上就从选定的特约供应商那里进货。

四、任务实施

(一) 分类填空

假设一家服装加工厂要采购以下物品，你认为哪些是需要控制的 A 类物品？请进行分类，并填表 2－3－7。

卷尺、剪刀、A4 纸、洗手液、缝纫机、铅笔、计算机、烫台机、标签、缝纫线、面料、包装袋、拉链、里布、电风扇、黏合衬、文件夹、钮扣……。

表 2－3－7　分类表

需要控制	不需要控制
分类理由：	

（二）案例讨论

根据提供的案例分组讨论 20 min，各组派一名组长阐述观点每组 5 min，总结 15 min

1. 案例讨论①

某集团公司是我国著名的服装公司，近年来该集团以国际化为起点，应对市场内竞争环境的变化，并在 1999 年启动了以供应链为核心的业务流程再造。在这场至今还在继续的管理变革中，主要从物流、商流、资金流和信息流四方面对企业组织结构、业务流程、业务模式等方面进行了大幅度的改革从而获得新的企业竞争优势。

作为本次改革的核心部分，整合采购环节的工作却遇到了很大的阻碍；集团现有供应商数量众多，供应关系错综复杂，从总体上来看，普遍存在企业规模小、技术水平低的现象。如何淘汰不合适的供应商工作成为众多矛盾的焦点。

因此，公司委派刘先生作为项目主管，开始针对供应商管理的问题进行重新规划，通过建立一套完善的供应商评估体系来配合采购环节的变革。并设立若干主要衡量指标，逐步淘汰不合格的供应商，重点引入拥有长期供货经验的国际供应商，发挥供应商资源优势，搭建国际化供应网络，邀请国际供应商参与世华公司产品前端开发和设计，从根本上提升产品的市场竞争力。

对于一个大型的服装企业来说，不仅供应商水平层次不一，而且服装产品物料种类繁多，因此，所带来的管理难度很大，刘先生决定利用 ABC－XYZ 采购决策工具首先对原材料一级供应商进行分类，逐步分清供应商管理的主次，针对重点物料和重点供应商进行重点管理，并依据多层次供应管理工具分类的结果，将公司分为三个层次，建设不同类别的供应商关系，这样有利于节约企业的人力、物力和财力。

经过一年的运作，供应商优化的成果首先在数量上使供应商由原来的 3 200 家优化至目前的 700 多家。国际化供应商的比例达到了 80%，并且仍在不断提高，从而建立起强大的全球供应链网路。

思考：企业优化供应商的好处在哪里？优化的原则有哪些？

2. 案例讨论②

某服装公司，拥有员工千余人，在全国设置了 30 多家连锁店。这家服装公司根据年度任务进行业绩的季度分解，根据第一季度的业绩统计结果显示，任务是超额完成的。可在季度经营会议上，财务一分析数据，却发现公司的纯利润才几十万。于是这家服装公司的老板说了这么一句话："这是一个危险的信息，我们季度销售额是几千万，结果利润才这么点，想想你们的工作去哪里了？我们要节省开支了"。

思考：很多企业都遇到过这样的事情"业绩完成了，利润却发现少了。"到底是怎么回事？

3. 案例讨论③

某服装厂于2011年接到一项外贸订单，要求生产一批腰带，颜色分别为黑色和红色。黑色腰带6月10日批样，6月23日落单，7月10日面料到厂，时隔一个多月。在此期间，红颜色的腰带也打样OK后寄送给供应商，但批样回复腰带的弧度是错的，碰巧供应商没有把黑色的腰带留底，于是按照红色的腰带样做了黑色的腰带。

最终到客户检查时，有六处不合格：弧度、腰带背面的皮料、尾处的直角、腰耳处露出再生皮、针距太松、洞眼的距离。

通过这个事件，有关部门领导做了开会研究，得到了以下的改善措施：

(1) 批OK后，寄封样给供应商，要求供应商留底；

(2) 下单后，品质标准一定要统一；

(3) 要与供应商核对每个辅料的细节，尤其是一些复杂的辅料(腰带、花边等)需要给客户确定。

(4) 针对不同要求的辅料要选择合适的不同的供应商，尤其是有一定难度的辅料；

(5) 要重视前期工作，如开发、打样，做好风险评估；

(6) 推动仓库做好辅料的检查。

思考：采购环节在你心目中的位置如何？通过这个案例的分析是否会有重新的认识，为什么？

五、任务反思

评价项目	评价情况
请描述采购的流程。	
请描述服装产品原材料采购，控制范围的优势。	
通过本项任务的学习，你对采购工作的认识。	

六、任务评价

评价指标	评价标准	评价依据	权重	得分
课堂提问	A：对前次课内容熟悉； B：回答的正确性； C：自我观点的补充。	回答表现	5	
案例讨论	A：分组讨论时的表现； B：阐述观点时的表现； C：观点的正确性。	课堂表现	50	
分类填空	A：内容正确； B：分析准确。	分析报告	15	
教学常态	A：遵守校纪校规； B：上课教材资料齐备； C：5S 管理制度。	平时表现	30	
总分				

任务四　服装裁床管理

一、学习目标

通过本项任务的学习应该达到以下目的：
1. 熟悉裁床车间的工作流程；
2. 熟悉裁床车间的各项工作任务；
3. 熟悉裁床车间的管理内容；
4. 树立质量意识，树立裁床车间的各项流程始终处于受控状态的理念。

二、任务描述

裁床车间是成衣生产过程中的第一道工序，裁剪的质量关系到整单任务的成败。学习掌握裁床的质量管理要求。

三、知识准备

裁床车间是成衣生产过程中的第一道工序，工作内容是将面料、里料、衬料等原材料裁剪成制作服装时所需要的形状，如前片、后片、领片、袖片等。

（一）裁床车间的工作过程

这是裁床车间的工作过程图如图 2－4－1 所示。

1. 生产前准备工作

裁床车间收到生产控制部提供的制单，向技术部领取生产样衣和标准（LOT）布板卡等资料，并检查资料的有效性、一致性。有疑点需向主管汇报或向资料发放部门核实清楚后才能进行下一步骤的操作。

2. 领布

裁床主管按制单数、生产数、单件用料填写“裁床领布单”向布仓领布。布料到裁床后按色 LOT 布板卡核对大货布色 LOT 是否正确。发现不正确的布匹挑出，重新分色 LOT。裁床主管按各色 LOT 布数和“分布表”开出“开裁通知单”，交给所属员工进行裁床各工序操作。对弹性面料，如针织面料、弹力棉、弹力色丁等品种，需松布 24～72 小时后再开裁。

3. 排料、审核（编排唛架）

裁床主管根据检验部的查布报告审核排料图后出“生产用料表”，经技术部核料员确认后给出大货生产唛架图。主管发现排料图超料须及时通知技术部核料员。

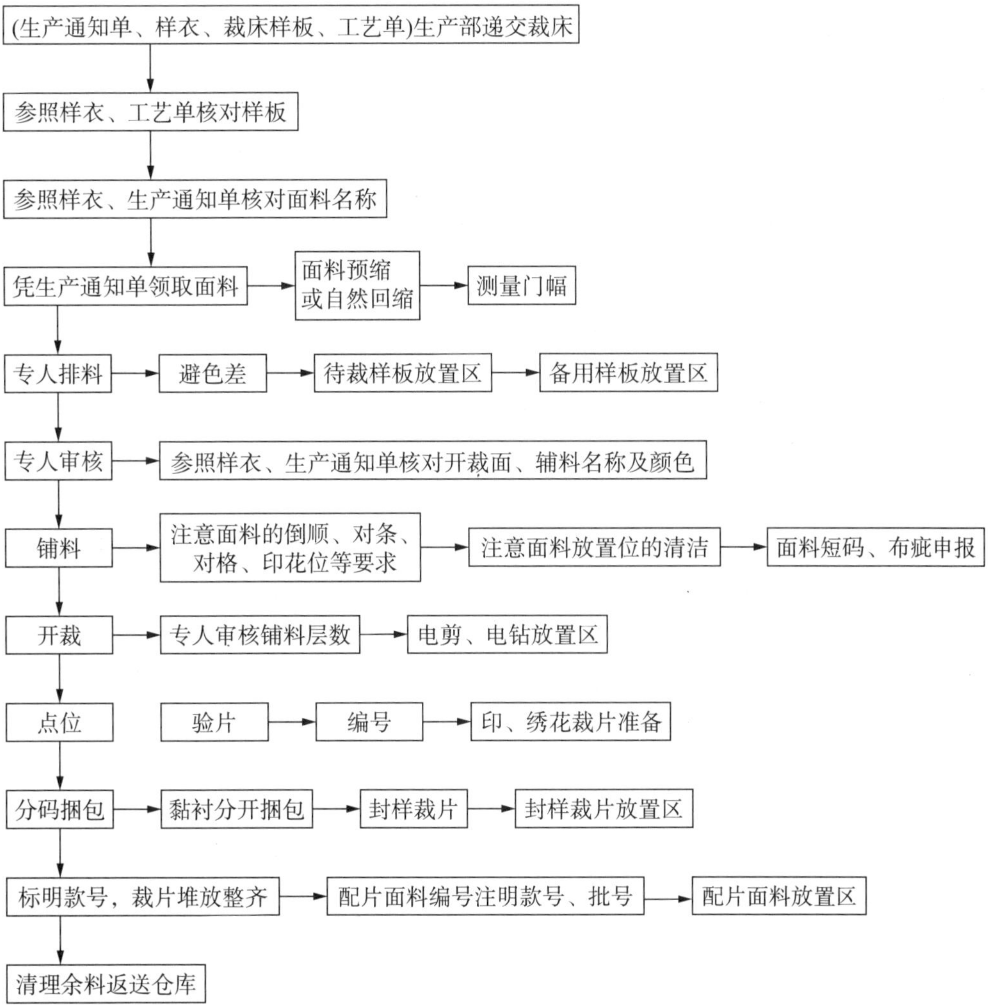

图 2-4-1　裁床车间的工作过程图

4. 铺料(拉布)

拉布员按“开裁通知单”要求的幅宽、排料排版板长、颜色、色 LOT 层数摊布。

5. 开刀

开刀裁剪员在开裁前复核排料图是否与所用面料相符，按唛架线开裁，裁片刀眼齐全，保障裁片尺寸正确。

6. 编号

编号人员对裁片编号。

7. 查片

查片员根据裁片尺寸、刀口、布次进行查验。查片员将次品裁片挑出来，配、换成合格裁片，后发至平缝车间。换下的次片，放入不合格品区，将换片情况记录于“裁床换片记录表”。

8. 分码捆包

配片员按次片裁片的编号、扎号、色 LOT、码数找对应的预留布料配片，配片时丝缕必须与纸样丝缕线相符，并编上相同编号。分包一般情况按每匹布所摊的层数为一扎。

9. 堆放

分包后的裁片按制单号、码数分开堆放。每扎上有扉纸。深色与浅色分开堆放。

10. 黏合衬

需要黏合的裁片在裁床先黏合，黏合后按纸样进行翻裁，再进行分包。不得将已黏合后的裁片进入平缝车间再裁剪。黏合时，由黏合机人员先将黏合机开启预热，将黏合机的温度、压力、速度三个项目按所黏合布料和朴料的黏合工艺标准调试到位。

（二）裁床车间的过程管理

1. 编制裁床方案

裁床车间接到任务后，首先要根据订单的订货总数，制定裁床方案。一般来说，一单货会分成几个号型，由于各个号型的数量不同，不可能一次裁完，需要通过合理安排分配到若干裁床才能完成裁剪任务，这样的分配方案即为裁床方案。

编制的原则，是采用最少的裁床、最少的时间完成任务。随着市场的发展，现代服装业中订单出现数量少、款式多的趋势，所以一个款式所需的裁床数不会太多。另外，客户下单时，一般中码居多，然后向两边逐渐减少，见表 2－4－1。

表 2－4－1　裁床任务表

<table>
<tr><td>客户</td><td colspan="2">青年汽车学院</td><td>品名</td><td>实训车间工作服</td><td>数量</td><td colspan="2">450 件</td></tr>
<tr><td>订单号</td><td colspan="2">SZ001－20110505</td><td>款号</td><td>NV120111</td><td>交货期</td><td colspan="2">2011－06－10</td></tr>
<tr><td colspan="8">各码号数量</td></tr>
<tr><td colspan="2">规格</td><td>160/84A</td><td colspan="2">165/88A</td><td>170/92A</td><td>175/96A</td><td>180/100A</td></tr>
<tr><td colspan="2">规格数量(件)</td><td>50</td><td colspan="2">100</td><td>150</td><td>100</td><td>50</td></tr>
</table>

根据码号与数量，可以遵循先完成数量少的码号来配制裁床方案。每层的排件量可根据裁床的长度而定，一般排件数量不超过 10 件，因布料拉的太长容易产生色差。我们计算得到一件工作服的用料量为 1.5 m，按裁床 8 m 计算，裁床的一头要放置自动断布到的轨道，所以这样一张排料图上最多可以排 5 件服装，见表 2－4－2。

表 2－4－2　裁床方案表

<table>
<tr><td rowspan="2">裁床分配</td><td>码号</td><td>160/84A</td><td>165/88A</td><td>170/92A</td><td>175/96A</td><td>180/100A</td><td rowspan="2">层数</td></tr>
<tr><td>订货数(件)</td><td>50</td><td>100</td><td>150</td><td>100</td><td>50</td></tr>
</table>

(续表)

第一床	样板配比(套)	1	1	1	1	1	50
	裁剪数(件)	50	50	50	50	50	
第二床	样板配比(套)	—	1	2	1	—	50
	裁剪数(件)	—	50	100	50	—	

2. 排料的管理

(1) 保证裁片质量符合工艺要求

排料图一定要严格根据客户的要求进行编排,保证裁片符合工艺要求。要注意丝缕顺直,不能为了省料而自行改变丝缕的方向;要注意面料的正反关系,既要保证面料正反一致,又要保证衣片对称;特别要注意条格服装、有倒顺毛关系的服装、有倒顺花形图案的服装,要做到对条对格、倒顺一致;要避免色差、布疵;要核对样板块数,不能遗漏;要在排料图上的每一片样片上标明款号、号型、裁片号、件号等信息。

(2) 节约用料

排料的紧密直接影响成本,所以我们还应该做到以下几点。排料时做到先大后小的原则,先排主要的大样板,再做小样板的填排;套排紧密,采用平对平、斜对斜、凹对凸的方法进行合理的套排,并使两头排齐,减少空隙,充分提高布料的利用率。

(3) 排料图审核

排料员排完后应自行检查有否漏排、重排裁片,自查无误后请裁床主管审核。审核依据,参看工艺要求和节约用料。

3. 铺料管理

(1) 分清面料的正反面;

(2) 注意面料的方向性;

(3) 铺布时每层布面都要平整,不得有褶皱、歪曲等现象,否则会给缝纫工作带来困难,影响成衣质量;

(4) 布边对齐,通常以面料的一侧作为基准,称"里口";

(5) 断布。铺料起手时前沿应整齐,断布也应剪齐;

(6) 铺料时尽量减少对布的拉力;

(7) 接布。品质管理员要检验接布的衔接距离是否合适或符合工艺规定;

(8) 零布头。检验零布头的长度是否不超过最短接布长度,避免浪费;

(9) 计数。铺料的层数必须正确,如果在铺料时放入隔纸有助于清点计数,还可以防止热塑布料的切口融化,方便捆扎裁片;

(10) 疵点。根据验布记录注意疵点位置,看是否可以避开或接布开剪;

(11) 刀缝余位。留够裁剪刀可以活动的空间,空间不足会影响裁剪的精度;

(12) 标准记号。车缝记号、省位记号、口袋记号等不可遗漏,标准时注意不要弄污面料。

4. 裁剪管理

(1) 裁剪前的检验。开刀前还要进行严格的检查。如果稍有疏忽，一旦开裁，整批面料就难以挽回了。检查内容包括，面料的检验报告、生产技术文件、核对面料数量、检查样板、检查裁剪方案等项内容；

(2) 开裁顺序。即先横断后直断，先外口后里口，先零小料后整大料，逐段开刀，逐段取料；

(3) 裁刀。保证裁刀始终锋利，绝对不能有刃缺口。保持裁刀垂直，以免各层衣片产生误差。注意裁刀的温度不能过高，否则合成纤维的衣片边缘容易出现变色、粘连、焦黄的现象；

(4) 打刀口时定位准确。剪口不得超过 2 cm，且清晰持久。

5. 验片、编号管理

(1) 检验裁片形状。用样板校对裁片的形状是否准确。顶层与底层的差异一般允许误差 1/8 英寸(约 0.3 cm)，所有直线、曲线和样板的允许误差 1/8 英寸(约 0.3 cm)，对折检查对称性允许误差 1/8 英寸(约 0.3 cm)；

(2) 检验定位标记。刀口是否准确、有无漏打、有无太深太浅等不正常情况；

(3) 检验布料表面。检验布疵、色差、对条、对格、对花、污染等情况，检查裁片(特别是合成纤维面料)有无烫焦和熔化现象；

(4) 裁片编号。编号必须依先后次序编流水号，中间不得跳号、重号、漏号；

(5) 分包。一般情况按每一层为一扎，每一扎的裁片件数不宜过多，特别是款式工序较多、缝纫难度较大的每扎控制在 10 件左右，裁片不宜扎得太紧。检查同扎裁片是否为同一尺码，每扎的数量是否准确。

四、任务实施

(一) 案例讨论

根据提供的案例分组讨论 15 min，各组派一名组长阐述观点每组 3 min，总结 10 min

1. 案例讨论①

现在的很多工厂都有服装 CAD 的软件，排料非常方便。某服装厂也有 CAD 的设备，但是裁剪车间陈主任发现，似乎人脑的排料会更节约材料。于是陈主任发起了一次为期两个月的比赛活动。“在这两个月中，只要是服装 CAD 软件排料后，如果你能排的比 CAD 软件更节约面料，经核实后立刻奖励 500 元。”这一消息发出，激发了裁床车间的比赛热情，大家都绞尽脑汁寻找更合理的排料方法。

两个月后，成本结算时，厂长惊喜的发现节约面料成本，折算成人民币有 1.3 万余元，除去发出去的奖金，这个活动居然为厂里赚了 8 千多。

思考：这个案例说明了什么？请描述服装排料时的要求。

2. 案例讨论②

某厂生产的款号为 s20110908 的长裙。拿到的裁片为毛样，由于裁片为定位花，而裁剪的时候没有考虑到花的位置（毛边本应该朝肩缝位放，实际则主要放在了脚口一侧），导致最终部分裁片不够修剪。最后延误了生产。

思考：以后遇到类似定位花的款式，应该如何操作应对？面料的对条、对格、对花现象你是否遇到过，谈谈制作过程中的体会。

（二）编写一份裁床方案

2011 年 7 月 1 日接到达利女装学院军训服制作任务。服装不分男女款式，共计 5 个号型（160/84A、165/88A、170/92A、175/96A、180/100A）服装 2000 套，于 2011 年 8 月 30 日交货。

160/84A(M)	165/88A(L)	170/92A(XL)	175/96A(XXL)	180/100A(XXXL)
300	500	500	500	200

五、任务反思

评价项目	评价情况
请描述裁剪车间的工作过程。	
请描述铺料的注意事项。	
请描述裁剪的注意事项。	

六、任务评价

评价指标	评价标准	评价依据	权重	得分
课堂提问	A：对前次课内容熟悉； B：回答的正确性； C：自我观点的补充。	回答表现	5	
案例讨论	A：分组讨论时的表现； B：阐述观点时的表现； C：观点的正确性。	课堂表现	35	

（续表）

评价指标	评价标准	评价依据	权重	得分
裁床方案	A：编写规范； B：内容齐全； C：裁床分配合理。	裁床方案	30	
教学常态	A：遵守校纪校规； B：上课教材资料齐备； C：5S管理制度。	平时表现	30	
总　分				

任务五　服装缝制车间管理

一、学习目标

通过本项任务的学习应该达到以下目的：

1. 熟悉缝制车间的流程；
2. 熟悉缝制车间的各项工作任务；
3. 熟悉缝制车间的管理内容；
4. 树立质量意识，树立缝制车间的各项流程始终处于受控状态的理念。

二、任务描述

缝制车间是指成衣从裁片加工到服装的过程，是服装生产过程中的重要环节。合理组织生产过程提高服装生产效率，是促进企业生产力发展的重要保证。

三、知识准备

缝制车间是指成衣从裁片加工到服装的过程，是服装生产过程中的重要环节。合理组织生产过程提高服装生产效率，是促进企业生产力发展的重要保证，其目的是使产品在生产过程中的工艺路线最短、加工时间最短，生产出满足客户要求的产品。

（一）缝制车间的工作过程

这是裁床车间的工作过程图，如图 2－5－1 所示。

1. 定制目标产量

车间主管计划每单生产期，并制定每大组目标产量，编写车间月计划排单表、周生产计划表。

2. 领料

从裁剪车间领取大货的裁片及辅料。两车间的交接工作要做好，核对裁片的单号、码数、颜色等信息，检验裁片的质量。

3. 工艺流程的编制、审核

生产组长做大货开工办，办单要由 QC 审核。组长根据车间主管提供的资料召集员工、检验员开生产会议，编制工艺流程，利用革新工序进行操作，制定每道工序标产量。

4. 中烫、检验

为了提高服装的缝制质量，塑造服装的立体造型，而进行的“推、归、拔”。注意熨烫时的温度，中烫有烫样的产品，烫完后要与烫样吻合，做好检验。

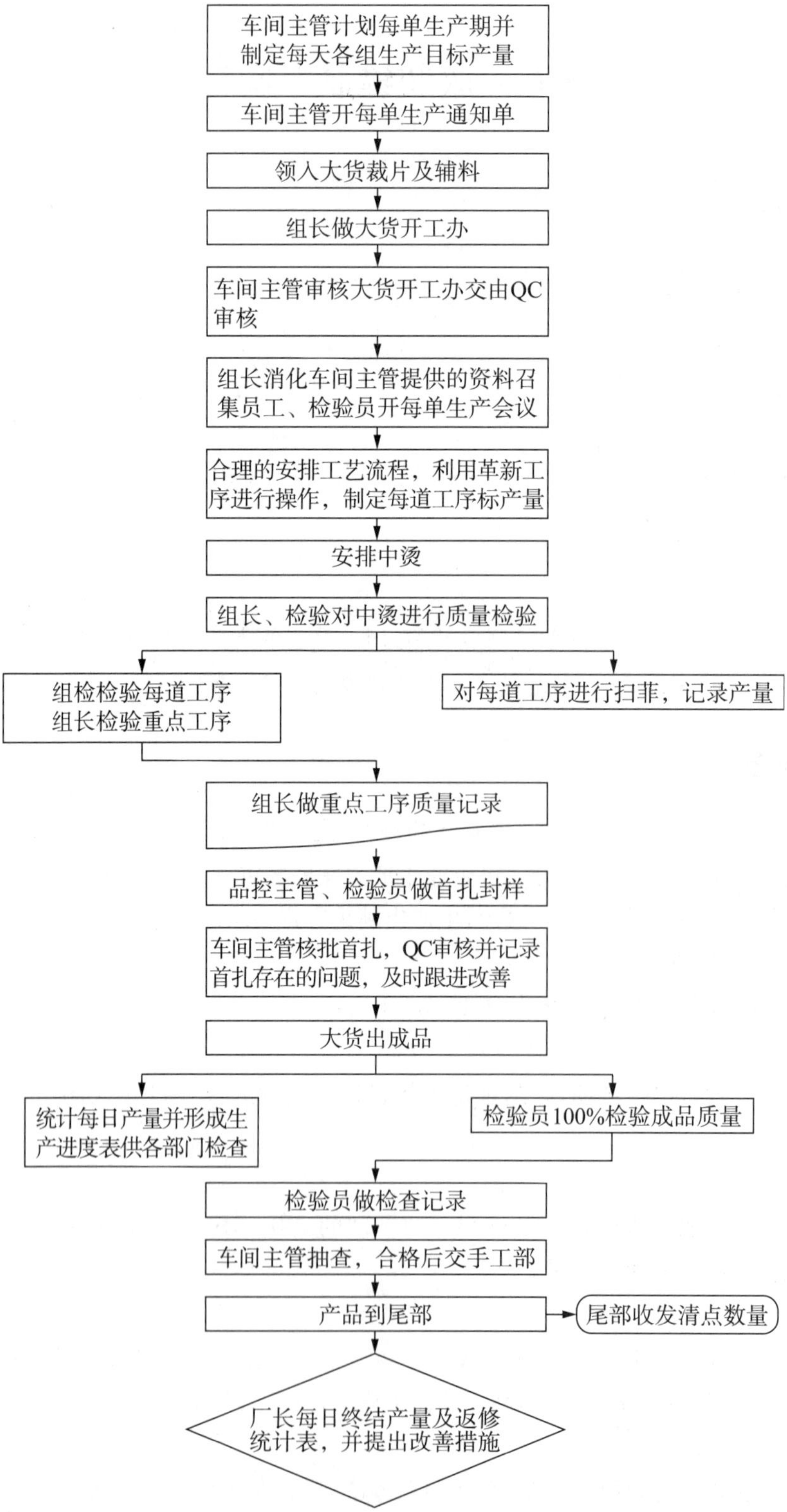

图 2-5-1　缝制车间操作流程

5. 重点工序记录

服装制作中的重要步骤，根据款式不同而变化，记录制作时间等相关信息。

6. 扫菲、记录产量

菲纸是用来记录产量，计算工人的工资而用的。根据服装的工序划分，缝制车间会把每道工序用不同的菲纸来表示，那么菲纸所指代的价格就需要扫描入电脑。

7. 封样

大货生产出来的样衣，由生产部和客户共同认可后的产品。如果此时发现生产过程有较难实现的步骤，可以提出协商解决。

8. 大货生产

根据前期的工序分析，大批量的生产成衣。

9. 检验、记录

统计每日产量并形成生产进度表，提供给各部门检查。厂长每日总结产量及返修统计表，并提出改善措施。

（二）生产流水线的编排与管理

1. 服装缝制生产的类型

根据服装企业的大小或者生产产品的数量和品种进行划分，可分为以下三种。

（1）单一品种的大批量生产类型

中国有很多来样加工的企业，这种生产类型是在比较长的一段时间内只生产一种品种的产品。所以这种生产类型具有专业化程度高、生产效率高的优点。

（2）中批量生产类型

这类生产类型的产品数量较少，但品种增多，生产任务会经常发生变化，因此生产效率下降，对生产管理和工人的要求较高。

（3）少量生产类型

生产的数量少，品种多，生产更不稳定。这种生产类型经常出现在一些刚刚起步的工作室，以打样设计为主，一般只能采用通用的设备，专业化程度较低。

2. 缝制车间的设备布置方法

（1）横列式布置

缝制加工设备沿横向排列，通常是 2 排相对排列，中间隔有半成品槽。横列式排列方式的优点是占地面积小，缝制作业符合“左拿前放”的人体工效学要求，适合于中小型企业。如图 2－5－2 所示。

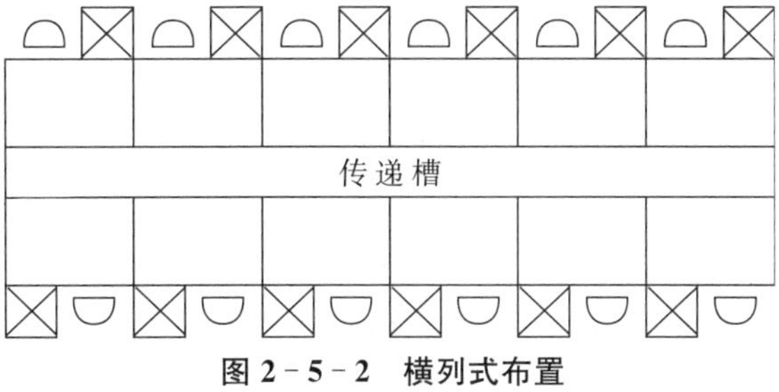

图 2－5－2　横列式布置

（2）纵列式布置

纵列式布置也叫课桌式布置。机器设备沿纵向排成几列，类似于学校课桌的排列方式。这种排列方式的优点是机台之间间隔大，适合于生产较大的成衣产品，管理方便，效率较高，大多数服装厂采用这种形式。如图 2－5－3 所示。

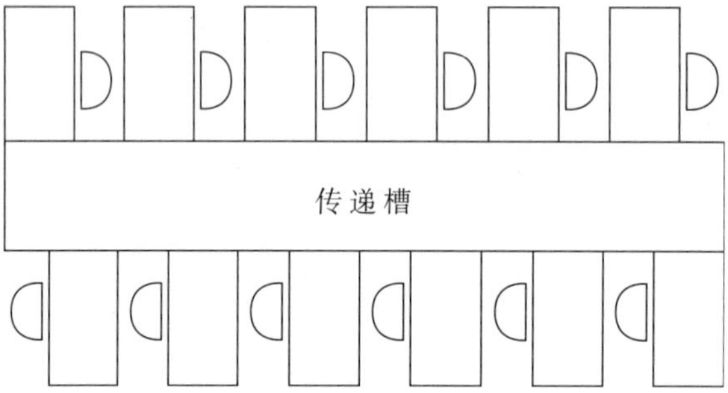

图 2－5－3　纵列式布置

（3）按照缝制流程布置

按照缝制加工工序流程来配备机器设备。这种机器排列方式的优点是反应灵活，可以适合多品种、小批量的生产。如图 2－5－4 所示。

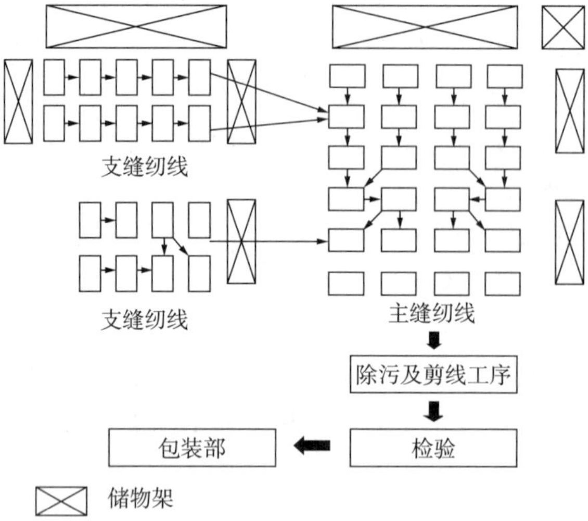

图 2－5－4　缝制流程布置法

（4）模块式布置

也叫模块式快速反应系统。为了适应变化多端的市场需求，满足多品种、小批量、快节奏的作业需要，企业经过长期生产实践寻找到一种最佳的生产流水线组织形式。这种形式改进了传统的工序组织原理，以不可分割的工序的倍数重新组合，工人操作多台专用设备.以最快的生产速度、最少的传递时间、最短的生产周期，显示了快速反应的优势。

快速反应流水作业的特点在于：既能减少工序之间的传递时间，又能充分发挥各类专用设备高效保质的良好作用。如原先由 15 人组成的一条时装流水线采取快速反应流水作业方式以后.可以削减到由 5 人来完成。其传递设备可以采用先进的电脑自动吊装传送，也可以采用简单的机构传送，或者采用更为简单的工序间靠近组合方法。快速反应流水作业不足之处是这种快速反应流水作业的设备昂贵，生产成本较高。如图 2－5－5 所示。

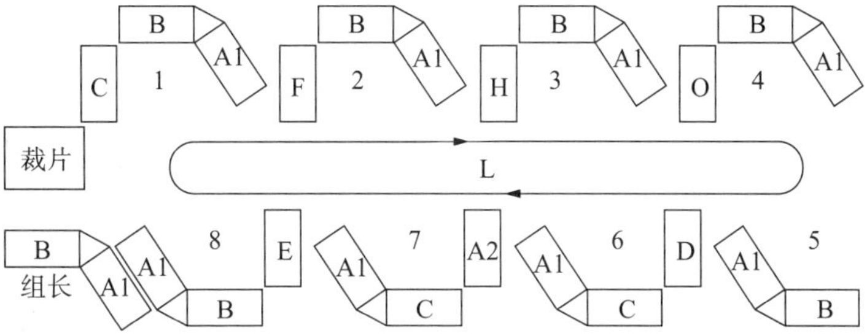

图 2－5－5　快速反应流水作业

3. 服装生产流水线的组织形式

为了保证流水线的负荷平衡我们应遵循以下要求：

(1) 按工序先后顺序，合理地把工序分配给每一个工作站；

(2) 每个工作站的作业时间要尽量接近平均节拍，并使流水线上的工作站最少；

(3) 各工作站空闲时间要少，并使工作站之间负荷均匀，以保证流水线时间损失率最低。

生产流水线的组织是否合理与服装生产的效益有着相当密切的关系，一些工厂的生产、技术管理人员通过长期的实践总结，精心设计合理组织，创造了一些独特的流水方式。现归纳如下：

(1) 部分简单工序单独小流水作业

一些初具规模的企业为合理使用人力和物力，将部分工序从主体生产流水线中划出，专门组织一条小流水线。该生产线一般以生产简单的部件为主，可以同时供应几条主体流水线的需要，例如袖子、领子、胸衬、袋布等工段的作业。

(2) 重点设备混合参与流水作业

这种流水作业方式的工作地是完全专业化的。企业中关键性的专用设备往往价值昂贵，利用率很高，一个企业不需要配备多台，有的一台设备可以为几条生产线甚至几个工厂服务. 如服装设计部门的 CAD 辅助设计系统、大型自动裁剪系统、大型粘合机、自动开袋机等。这种混合流水作业方式适用于某大类品种不变和工艺装备较好的服装工厂。

(3) 可变型流水作业

这种流水线是固定成批生产几种产品，当一批产品的生产任务完成后相应地调整生产设备，然后开始生产新的品种。可变型流水线的缝纫设备一般装有轮子，便于移动重新组合，电源的装置由上至下，变动设备位置时不需要重新安装电源。这种流水线的特点是可以根据品种需要随时改变组织形式，因此又称为组合式流水线。

(4) 快速反应流水作业

为了适应变化多端的市场需求，满足多品种、小批量、快节奏的作业需要，企业经过长期生产实践寻找到一种最佳的生产流水线组织形式。这种形式改进了传统的工序组织原理，以不可分割的工序的倍数重新组合，工人操作多台专用设备. 以最快的生产速度、最少的传递时间、最短的生产周期，显示了快速反应的优势。

快速反应流水作业的特点在于：既能减少工序之间的传递时间，又能充分发挥各类专用设备高效保质的良好作用。如原先由 15 人组成的一条时装流水线采取快速反应流水作业方式以后.可以削减到由 5 人来完成。其传递设备可以采用先进的电脑自动吊装传送，也可以采用简单的机构传送，或者采用更为简单的工序间靠近组合方法。快速反应流水作业不足之处是这种快速反应流水作业的设备昂贵，生产成本较高。

(5) 单元同步流水作业

企业规模较小设备比较一般的情况下，为满足多品种、小批量、快节奏的需要，可以采用单元同步流水作业。其原理是把一件产品分为若干独立的单元。组成同步流水作业。单元之间的流水传递量以 3～4 件为宜。这种流水作业的优点是规模小、流量少、节奏快。

大流水作业时的流量一般是日产量的 3 倍，而这种单元同步流水作业的流量只需日产量的 10%。从裁片的投入到产品的产出，一般流水作业要 2～3 天.而这种单元同步流水作业只需产品工时定额的 2 倍时间即可。组织这种流水作业方式对技术工人的要求比较高，在一般情况下要求二分之一以上的工人能掌握多工序生产技能，有比较强的应变能力，以适应产品结构变化或多品种生产的需要。

4. 浮余时间的构成

缝制加工的总时间除了纯加工的时间外，还包括了半制品的传递时间、半制品的安装时间、停止时间、断线、手工加工时间(熨烫、做标记、整理等)，除此之外，作业人员不可能全部时间都在工作，还需要一定的宽裕时间，因此缝制加工所用的总时间还包括了浮余时间，总计工时间又称为标准作业时间，其计算公式如下：

标准作业时间=纯加工时间×(1+浮余率)

浮余时间的内容如下：

(1) 工作浮余

指在制品的整理(点数、捆扎)，清理线头、飞花、调整针密，更换附件，处理故障(接线、换针)，判断制品品质，记录生产飞纸，回修不合格在制品等与加工有直接关系的活动所占用的时间。

(2) 岗位浮余

指等待上道工序的制品、搬运、更换机位、请示工作等占用的时间。

(3) 生理浮余

指去厕所、喝水、病休等生理上需要的时间。

(4) 其他浮余

指与生产无关的活动，如聊天等占用的时间。

(三) 车缝过程的管理

1. 缝纫机的使用与管理

机器设备的正常运转是维持工厂各项任务开展的前提条件，工厂一般配有专人维护。安全教育是生产中的关键，在使用缝纫机时应该注意以下几个方面。

(1) 不要随意自行拆卸机器，如皮带防护罩、手指保护器等；

(2) 穿针引线、换压脚、人离开座位、修理机器等情况下，必须关机操作；

(3) 为防止机械的错误运转，要经常打扫机器；定期加油保养；注意电压情况；不要让缝纫机反向转动。

2. 车缝质量与管理

(1) 保持环境卫生。机台、器具、地面都应保持清洁,注意个人卫生,以免弄脏产品;

(2) 缝制前必须调试线迹,检查针号。检查有无跳针、断线、油线、针洞等现象,线迹松紧、针距是否符合要求,针号的选择是否与面料相匹配;

(3) 缝制前,要配好色线,核对流水线的款式、颜色、尺码是否与捆扎的物品相符;缝制时,所有产品不许有针洞、漏缝、破洞、污渍、油渍等现象出现,必须时刻自查,成品检验时某道工序连续出现 5 件返工,就要全部退回给操作者;平车缝头均匀、线迹流畅,例如,贴袋部位必须圆顺、左右对称、对毛边进行修剪等。

3. 成衣瑕疵检验与管理

成衣缝制过程中会有少许的瑕疵,有些可以修复,有些是不可以修复。瑕疵的存在会影响成衣的销售,也会影响客户的满意度。所以在缝制车间的最后一道检查,就是防止这些瑕疵品流入后整理车间。

(1) A 级瑕疵:无法修复的瑕疵,成衣降为次级品。

① 制作错误;

② 色差;

③ 破裂、破洞、抽纱;

④ 严重起皱;

⑤ 尺寸(超过±允差 2 倍以上);

⑥ 衣片不齐、不顺、长短不一、角度呈圆弧极明显(数据依部位而不同)。

(2) B 级瑕疵:虽不会降级,但可以看出较明显的瑕疵,需要修正,否则以后极易变成更严重的缺陷。

① 打褶、起皱;

② 浮线、跳针、脱线(2 个针码以上)、针码太大(比规定的大或小二个针码以上);

③ 没有回针缝或回针缝未按规定方式操作;

④ 压线不平直、不平顺,接线不齐、饰线不齐,误差超过 0.2 cm;

⑤ 缝位不均匀;

⑥ 脏、污;

⑦ 衣片歪斜、不齐、不正、变形、宽窄、未对齐花格等。

(3) C 级瑕疵:这类瑕疵不易察觉,对成衣整体不构成影响,但总有不完美的感觉。当然最后还是要以客户的可接受程度来决定,所以也不可怠慢。

① 浮线、跳针、脱线(1 个针码)、针码不符(比规定的大或小二个针码以内);

② 压线不直、不平顺,误差在 0.2 cm 以内;

③ 缝线上下强力不匀;

④ 脏;

⑤ 尺寸大小(超过允差 1.5 倍以内)。

四、任务实施

（一）案例讨论

根据提供的案例分组讨论 25 min，各组派一名组长阐述观点每组 6 min，总结 15 min

1. 案例讨论①

现在市场上有很多小店，打着外贸的旗号招揽生意。很多消费者也非常认同外贸货的质量，李小姐就是其中一位忠实的消费者。一次她在一家经常光顾的店里买了一条裤子，款式大方，她很快就掏钱买下了。穿了几天后，她发觉裤腿边的一个商标装饰比较碍眼，于是动手拆掉。可是拆下商标的那刻，她傻眼了，原来这不是一个装饰，而是补上了一个破洞。

思考：请问你买过外贸产品吗？为什么消费者会认为外贸产品质量优于内销产品？

2. 案例讨论②

我们作为一名消费者买过很多衣服，请大家列举你购买服装过程中最不能忍受的五种瑕疵。以小组为单位统计瑕疵内容。

瑕疵种类	统计次数	备　　注

思考：分析为什么会造成这些情况？你在服装制作过程中是否也遇到过类似问题，如何解决？

（二）编写工序分析

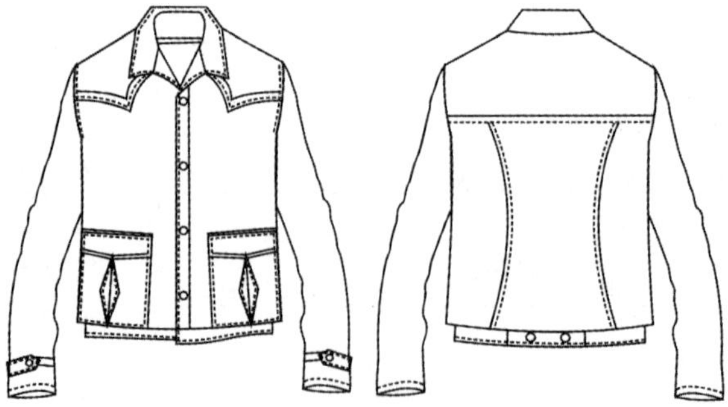

图 2-5-6　任务服装款式图

针对前期的作业任务，参考女外套的工序分析(图 2-5-7)，设计编写一份军训服(上衣)的工序分析。

作业任务：2011 年 7 月 1 日接到达利女装学院军训服制作任务。服装不分男女款式，共计 5 个号型(160/84A、165/88A、170/92A、175/96A、180/100A)服装 2000 套，于 2011 年 8 月 30 日交货。如图 2-5-6 所示。

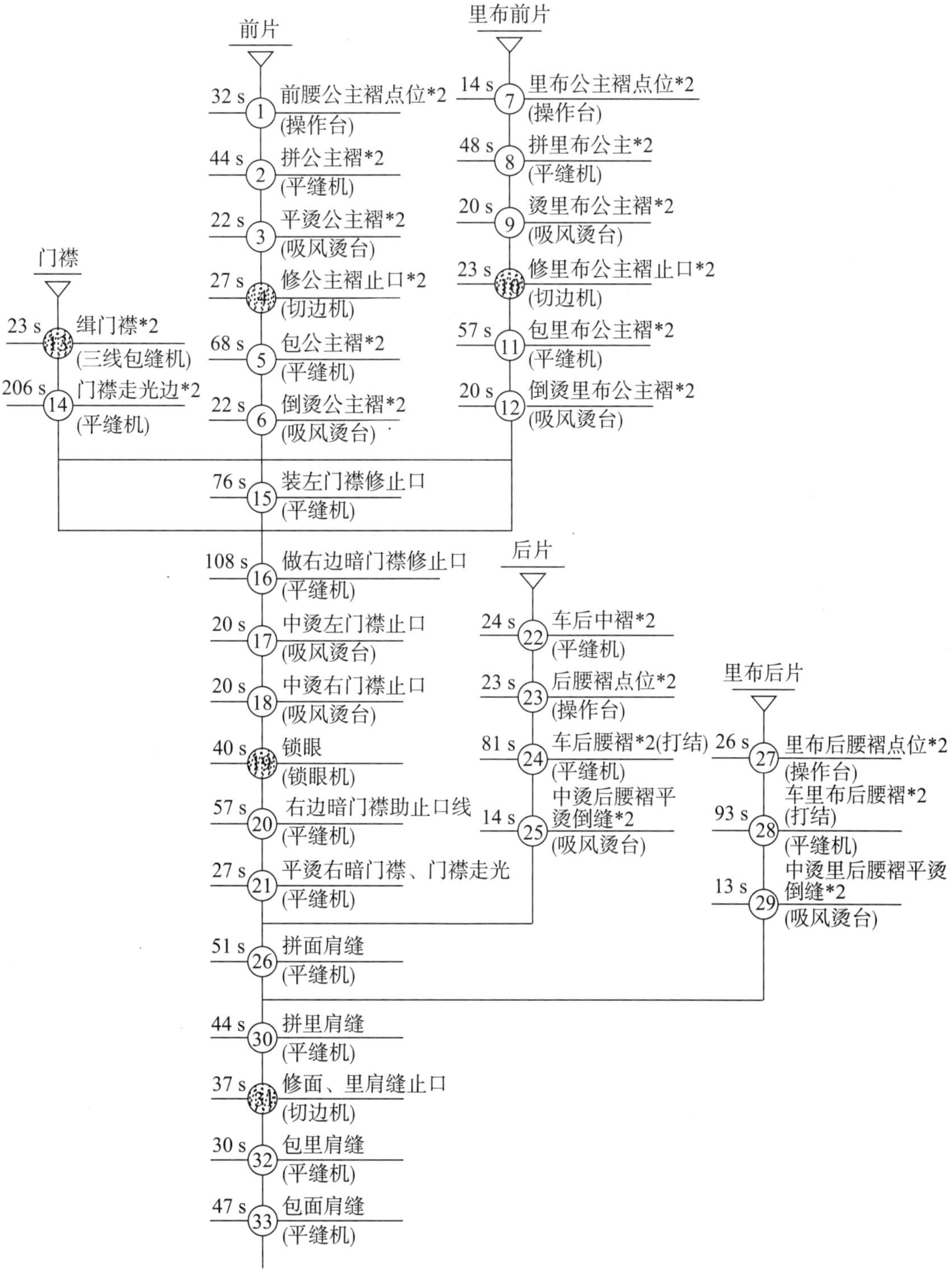

备注：① s＝秒，指平均操作所需时长。

② 介英＝袖克夫

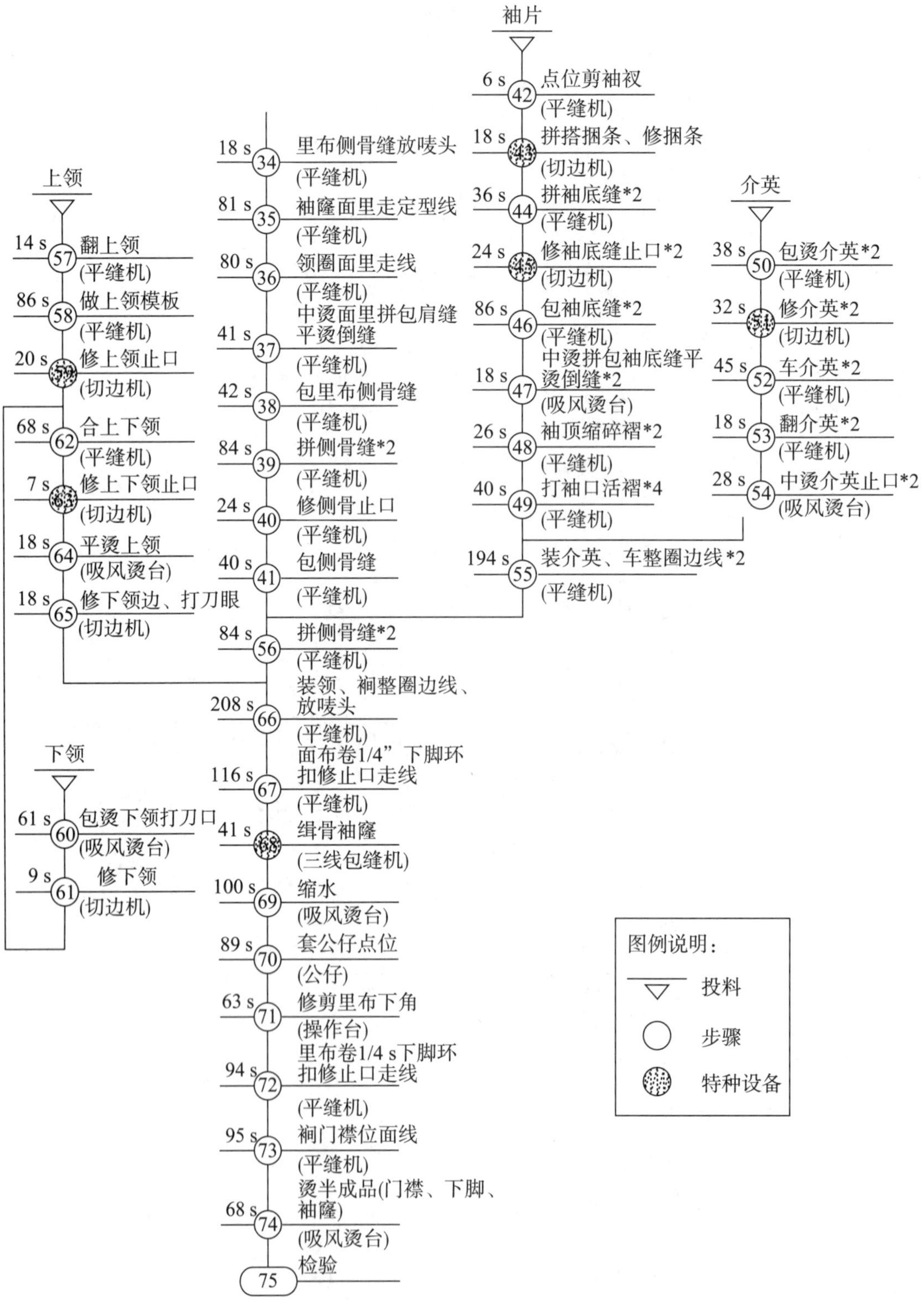

图 2-5-7 女外套的工序分析图

五、任务反思

评 价 项 目	评 价 情 况
请描述缝制车间的工作过程。	
请描述成品检验中对瑕疵程度的划分。	
请描述女衬衫的工艺流程。	

六、任务评价

评价指标	评价标准	评价依据	权重	得分
课堂提问	A：对前次课内容熟悉； B：回答的正确性； C：自我观点的补充。	回答表现	5	
案例讨论	A：分组讨论时的表现； B：阐述观点时的表现； C：观点的正确性。	课堂表现	30	
工序分析	A：编写规范； B：内容齐全； C：工序流程合理。	工序分析图	35	
教学常态	A：遵守校纪校规； B：上课教材资料齐备； C：5S 管理制度。	平时表现	30	
总　分				

任务六　服装后整理管理

一、学习目标

通过本项任务的学习应该达到以下目的：

1. 熟悉后整理车间的流程；
2. 熟悉后整理车间的各项工作任务；
3. 熟悉后整理车间的管理内容；
4. 树立质量意识，树立后整理车间的各项流程始终处于受控状态的理念。

二、任务描述

后整理是服装产品在生产过程中经历的最后一个车间，也是成品出厂前的一个“化妆”车间，产品的最终合格与否，关键在于后整理车间的把关。

三、知识准备

大型服装生产企业是把锁扣眼、钉钮扣、打套结、剪线头、除污渍、整烫和包装另外组成一个车间，称为后整理车间，也就是服装的后整理阶段。后整理是服装产品在生产过程中经历的最后一个车间，是成品出厂前的一个化妆车间，产品的最终合格与否，关键在后整理车间的把关。

（一）后整理车间的工作过程

后整理车间的工作内容比较繁琐，基本可以用四张流程图概括：锁钉操作流程、整烫操作流程、检验流程、尾部包装流程。如图 2－6－1～图 2－6－4 所示。

下面围绕这四个流程中的内容，来了解一下后整理车间的各个岗位所承担的职责。

1. 接受任务

当接到生产通知单后，要对工艺单、样衣、色卡、资料进行认真复核。要对后整理所必需的生产物料、机器设备等提前做好准备和调试。如钮扣、吊牌、塑料袋、纸箱、开眼刀具等。

2. 接收成品

产品在前道车间中生产如果移交不及时，会出现后整理无事闲得慌，有事忙得慌的状况，所以后整理不能仅等待接货，要主动去追要货；前道货下来，必须经后整理收发清点，不能每捆每扎的清点，要一件件分开清点，防止数字误差；前、后整理交接时，双方要签字留据。

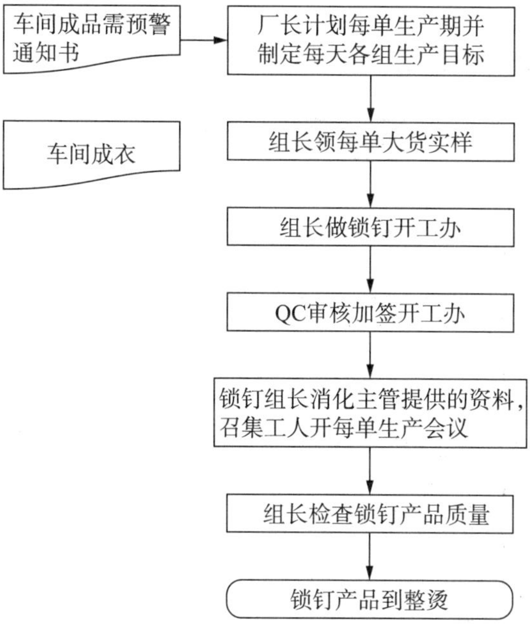

图 2－6－1　锁钉操作流程

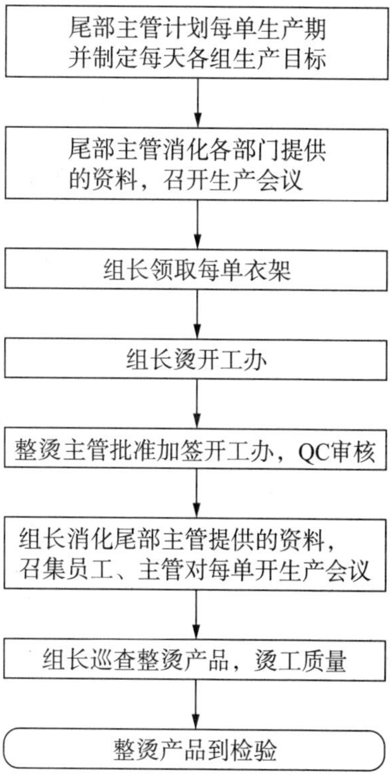

图 2－6－2　整烫操作流程

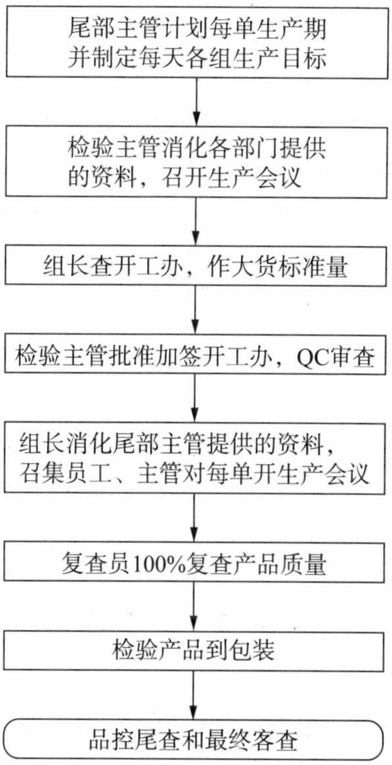

图 2－6－3　检验操作流程

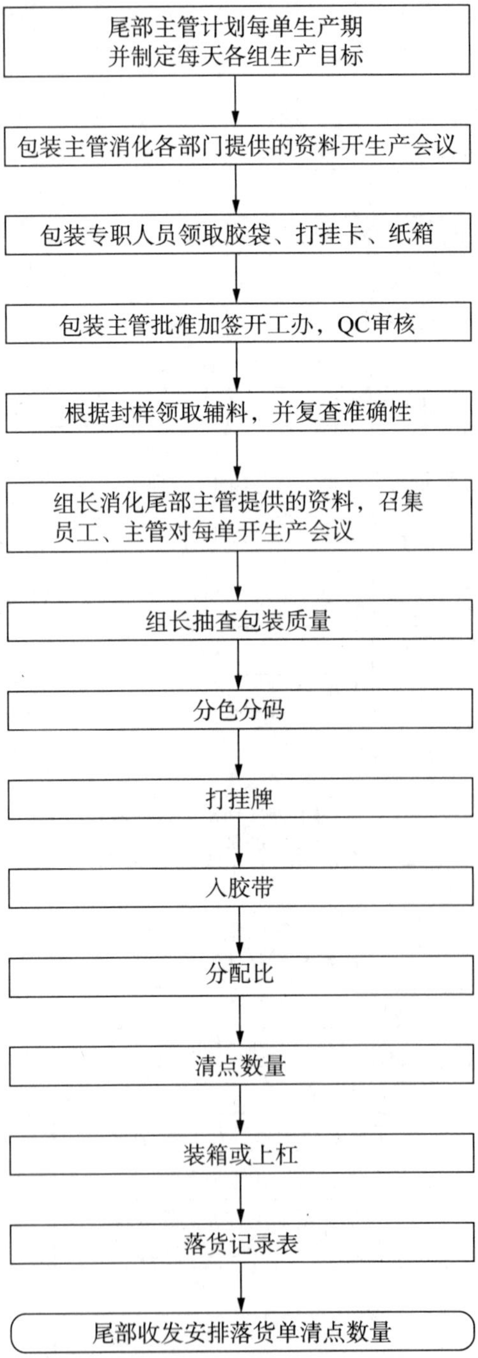

图 2-6-4　尾部包装流程

3. 前期检验

前期检验是控制、监督上道车间的一个不可缺少的工序，要件件过目，从产品的尺寸到各道工序的质量、面料色差、抽纱以及产品的功能等。如发现不合格现象应立即退回上道车间进行返工，同时要求其返工的时间。在检验中，检验员要作出检验记录，每天的报表要按时交给品管。

4. 外加工

当企业自己的生产能力不足或者缺乏某种技术的话，就会把某个工艺交给外面的厂商去进行生产，以降低企业的生产成本，例如水洗、磨砂等工序。后整理应配合做好有关外加工技术质量要求的传递；配合外加工点做好外加工的出货的数量时间、进货的数量时间记录；要与外加工人进行双方签字留据。

5. 锁钉

锁钉指的是利用特种机器设备进行的锁眼、钉扣工作。要严格按照工艺单要求照样板进行锁钉，严禁无资料锁钉。

6. 剪线

剪线是一个非常简单的整理过程，但同时也能对产品外观和明显的质量进行区分。例如，剪线要分款、分码、分色，如果发现同一码中夹带了另一个码时，要及时向车间反映。剪线要求产品正反都剪光，不能损坏产品。

7. 整烫

整烫是一个成品最后定型的工序，通过整烫可以使服装外观平挺，缝口、褶裥等处平整、无皱，弥补缝制工序中的缺陷。要根据面料的性能做到无烫迹、无死痕、无水印、无极光；要分款、分码、分色，严禁深浅色同步烫，防止掉色。

8. 总检(查衫)

当整烫后成品已基本定局，这时对成品进行的最后检验叫做总检。总检可以分为两种，视觉检验和手动检验。视觉检验是看成品的外观效果，如面料色差、唛头位置、缝制工艺、水洗效果等。视觉检验具体有三种方法，一种是平放检验；一种是挂架检验；还有一种是试穿检验(真人或公仔)。手动检验是指按照工艺单对尺寸测量、对功能性部位的试验，如拉链的开启、钮扣的牢度等。

9. 挂牌包装

服装通过终检后，可以进入包装环节。在这个操作过程中，要每款每码分色有秩序进行，要专人专码操作，防止搞错。挂牌包装一定要按照技术部工艺资料严格执行，如有变化，无论是哪个部门或客户提出的，都必须有书面依据。

10. 物流堆放

产品在装箱前必须严格地把包装好的产品分款、分码、分色分别堆放，要专人负责，不可随意换人，堆放位置要有明显标志，要详细做好记录，以便为装箱时提供方便。

11. 终检装箱

这里的终检指的是检查所有包装的码数、色数、总数等，防止装箱时的错误。产品装箱要按照工艺单装箱要求进行，箱唛写字要端正。装好箱的产品要按箱号区分堆放，结束后要认真核对。

12. 收发统计

后整理车间的收发统计是工厂生产中产量、质量、成品的最终依据，要从产品进入后整理车间开始，做好详细的统计报表。

（二）后整理车间的过程管理

1. 锁钉工序质量管理

做好首件样衣的检验工作。锁钉检验员根据生产工艺单和预生产样进行检验，其内容包括：扣眼位置是否正确；锁边线有无断、跳线情况；所用钮扣是否有色差等问题；面料是否有拉紧等异常现象；其他相关问题，如面料油污、抽纱等问题。

以下是在锁钉工序质量管理中需要着重注意的内容：

（1）首件封样

（2）锁钉标准与定位

（3）其他检验

2. 整烫工序质量管理

整烫检验一般由整烫操作员自检完成，然后由整烫组长按照预生产样和工艺单要求，对整烫质量进行管理。

以下是在整烫工序质量管理中需要着重注意的内容：

（1）黏合

（2）熨烫

（3）蒸汽压力

（4）烫台烫板清洁度

（5）烫后摆放

（6）大烫质量检验（含：尺寸、污渍、水渍、对称程度等）

3. 后整理检验工序质量管理

后整理检验员对已完成整烫的成衣进行全检，其标准和要求是：原样及工艺单要求；预生产样及顾客特定意见或要求；适当的检验规程。后整理检验比例是100%全检。后整理的检验员对服装上的疵病作出标记，并在指定位置存放。对需要由缝制车间返工返修的服装，由后整理检验负责人填写（返工返修通知单），通知缝制车间进行相应工作。后整理检验员发现从上道工序流下的服装有较多疵病和漏检时，后整理负责人应口头（必要时可采取书面形式）通知前道工序相关人员对质量问题采取相应的纠正和预防措施。

以下是在后整理检验工序质量管理中需要着重注意的内容：

（1）检验标准（封样办、工艺尺寸表、客户评语等）

（2）100%全检

（3）对返工率高的工序要做纠正和预防

（4）不合格返工、翻修、再验证

4. 成品检验工序质量管理

对于合同规定或约定项由顾客代表来验货的订单，以他们的验货员的检验报告为准。

以下是在成品检验工序质量管理中需要着重注意的内容：

(1) 检验信息

(2) 检验标准(针织服装检验含灯箱光源标准)

(3) 检验方法

(4) 检验结果处理(不合格信息报告、退相关工序返工翻修、再验证、不能放行裁决并请求确认、品管经理终裁)

(5) 检验员资格确认

5. 包装工序质量管理

包装组人员按订单资料、工艺单和顾客要求包装已检验合格的成衣。同时对后整理检验合格成衣进行复查,确保入箱成衣合格。包装组人员负责复核成衣数量,保证箱外标识与箱内成衣数相符合,装箱数字与装箱单吻合,且在订单出运允许范围内。

以下是在包装工序质量管理中需要着重注意的内容：

(1) 包装标准(书面和实样)；

(2) 包装箱、包装袋文字、英文、尺寸等再核对；

(3) 每箱数量、尺码、色 LOT,要点查清楚才能封箱；

(4) 装箱单与合格检验数核定最终出货数；

(5) 装箱单信息业务部。

四、任务实施

(一) 案例讨论

根据提供的案例分组讨论 20 min,各组派一名组长阐述观点每组 5 min,总结 15 min。

1. 案例讨论①

某厂接到一单连衣裙任务。款号为 L20110401,面料是全棉顺纡绉。这种面料的门幅不稳定、缩率不稳定,会导致成衣尺寸出现不稳定的严重问题,之前在打样时就修改了两次。经过技术科师傅的讨论,并和客户沟通后决定,工艺单中增加以下项目。

(1) 车间建议用吊瓶熨斗整烫；

(2) 车间生产时裁片需平放,成衣完成后需要用衣架挂起来,做到做一件挂一件；

(3) 卷下摆用鱼骨卷；

(4) 与客户沟通,建议放宽公差范围；

(5) 品控查衫时要特别注意此款服装的尺寸问题。

思考：从该案例中你学到了什么？分别谈谈这五点增加项目,对解决全棉顺纡绉问题的作用。

2. 案例讨论②

某厂生产了一批针织服装,第一部分产品已经快完成了,才发现生产工艺单中并没有标注清楚装箱的尺寸。业务员联系了客户,得到的要求是“50 件一箱,分码包装”。后整理车间接到任务,立刻把已完成的产品,数出 50 件码放整齐,量出了箱子的尺寸,立刻派人去订做。又过了近 20 天，服装产品都陆续完成了，订做的箱子也到了。后整理车间开始按工艺单要求装箱配货。可是，问题出现了，按要求的 50 件衣服装不满一箱，服装离箱顶还有近 8 cm 的距离。经过调查，原来开始量取的 50 件服装体积是刚生产出来的时候，服装面料之间存在一定的蓬松度，而经过 20 天的堆放后，早期生产出来的服装蓬松度下降了，50 件衣服的体积也缩小了。

客户得知后，不肯接受，所有的箱子重新订做。因为这个事件，企业蒙受了近万元的损失，工期也拖延了，企业信誉受到了影响。

思考：箱子体积过大，会对服装的运输造成什么影响？这个事件给你了什么启发。

（二）编制检验标准

针对前期的作业任务，参考附录六的检验数据，编写一份属于该款军训服的总检查衫标准。

作业任务：2011 年 7 月 1 日接到达利女装学院军训服制作任务。服装不分男女款式，共计 5 个号型（160/84A、165/88A、170/92A、175/96A、180/100A）服装 2000 套，于 2011 年 8 月 30 日交货，如图 2－6－5 所示。

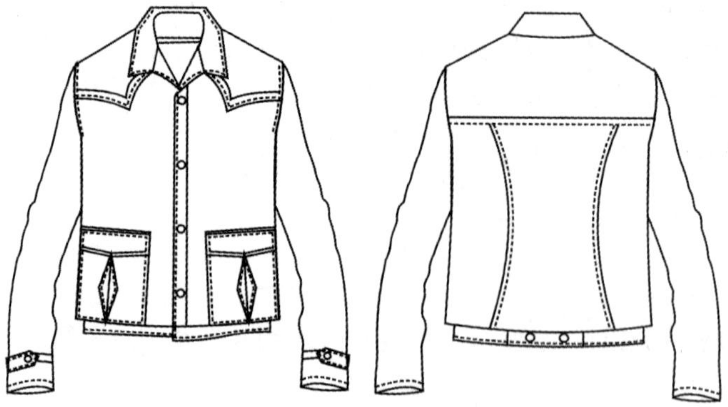

图 2－6－5　任务服装款式图

五、任务反思

评价项目	评价情况
请描述后整理车间四项工作组成。	
请描述整烫工艺流程及控制内容。	
请描述总检的含义及组成。	

六、任务评价

评价指标	评价标准	评价依据	权重	得分
课堂提问	A：对前次课内容熟悉； B：回答的正确性； C：自我观点的补充。	回答表现	5	
案例讨论	A：分组讨论时的表现； B：阐述观点时的表现； C：观点的正确性。	课堂表现	30	
检验标准	A：书写规范； B：内容齐全； C：检验部位准确、详尽。	检验标准	35	
教学常态	A：遵守校纪校规； B：上课教材资料齐备； C：5S 管理制度。	平时表现	30	
总　分				

任务七 顾客沟通与生产服务的提供

一、学习目标

通过本项任务的学习应该达到以下目的：

1. 了解日常人们之间的沟通技能；
2. 从生产管理角度理解和学习与顾客有关的沟通过程；
3. 树立质量意识，树立服装加工过程始终处于受控状态的理念；
4. 掌握生产服务提供中的人、机、料、法、环之间的关系。

二、任务描述

人与人之间的沟通是一门艺术，学习沟通技巧和有效的沟通技能有助于做好服装生产的管理。QC的工作就是搭建好顾客和企业之间的沟通桥梁。生产和服务提供是从人、机、料、法、环等影响生产的环节入手，更好地为客户提供符合质量的产品和服务。

三、知识准备

（一）与顾客沟通

1. 与顾客有关过程

沟通听过不少，但大都泛指的是广义的沟通技巧和有效的沟通技能。而今天我们是从生产管理和产品实现过程的角度，理解和学习与顾客有关的沟通过程，是相对狭义的沟通知识。

（1）日常人际关系之间的沟通

约翰·奈斯比特："未来竞争将是管理的竞争，竞争的焦点在于每个社会组织内部成员之间及其与外部组织的有效沟通之上。"根据信息载体的异同，沟通可分为言语沟通、非言语沟通。

对管理者而言，有效沟通是不容忽视的，因为管理者所做的每一件事都包含着沟通。注意，不只是一些事，而是所有事情。管理者没有信息就不可能做出决策，而信息只能通过沟通得到。一旦做出决策，又要进行沟通。否则，将没有人知道决策已经做出。

沟通就是相互理解。无论通过什么渠道和媒体，沟通的首要问题是双方是否能够相互理解，沟通双方是否真正能够理解相互传递的信息和含义，相互理解各自表达的思想和感情，相互理解字里行间或话里话外的真实意思。

沟通是提出和回应问题与要求。沟通的双方总是向对方提出各种各样的问题和要求，一方总是希望另一方变成某种角色或作某件事情，或者相信某样东西和回答某个问题；而另一方则会要求为此而获得一定的回报。沟通就是双方关注、理解对方的问题和要求，然后做出回应的过程。

沟通交换的是信息和思想。沟通过程中交换的主要是信息和思想。其中，信息是描述具体事物特性的数据，是支持决策的有用消息；而思想是一个人的感情和想法，包括期望、要求、命令等。任何沟通过程都离不开信息的交换和思想的交流，而且在很多情况下这两者是相互依存的。

沟通是一种有意识的行为。在许多情况下它受主观意志的支配。所以沟通的效果在很大程度上受到双方主观意愿和情绪的影响。人们倾向于倾听那些想听的话，而不愿听那些不想听或有威胁的话，所以在沟通过程中，主观意识会造成沟通障碍从而使沟通失效。

（2）沟通过程如何起作用

沟通可以看成是一个过程或者流程。如果在这个流程中存在阻滞和偏差，这时就产生了沟通问题。沟通产生之前，必须存在一个意图，我们称之为要被传递的信息。它在信息源（发送者）与接受者之间传送。信息首先通过编码被转化为信号形式，然后通过媒介物——通道传送至接受者，由接受者通过译码将收到的信号转译回来。这样信息就从一个人传给了另一个人。

（3）与顾客沟通

企业与顾客沟通是非常重要的交流环节。顾客与企业也会主动进行双向沟通有关合同或订单的处理，主要是在产品实现过程中对合同的处理。顾客关于产品方面的信息，包括满意和抱怨，会经常性的与企业主动沟通，以满足订单的顺利进行。沟通过程中我们还应把握以下几个方面：

① 研究沟通对象，明确沟通内容，耐心对待沟通目的；

② 沟通是一门艺术，涉及技巧，修养，心理，诚心；

③ 有效的沟通，容易被人接受，容易达成共识，即使不能统一意见，沟通已经起到人际桥梁的作用；

④ 失败的沟通会给人苦恼，既达不到目的，甚至还会伤感情；

⑤ 把沟通看成是一种学习和交流，不要急于有结果。

2. 与产品有关的要求的确定

（1）顾客对产品的要求一般包括：

① 顾客规定的要求，即明示的要求。比如质量，数量，货期，交付后的要求等。

② 顾客虽然没有明示，但规定的用途或已知的预期用途所必须的要求。

③ 与产品有关的法律法规要求，凡与环境、安全、健康等方面有关的法律法规要求都应履行。如甲醛、pH 值超标准等。

④ 企业确定的任何附加条件如与赋予特性有关的要求等。

（2）及时收集顾客需求

公司市场营销中心的各营销分中心应根据需要及时收集顾客的需求，并将顾客的要求传递到订单业务部，订单业务部应对顾客的需求进行分析整理，确认顾客的需求。市场营销中心订单业务部通过营销分中心对国内市场情况的调查、市场营销策略的分析，作为技术中心产品改造和开发的输入信息之一。市场营销中心订单业务部通过各营销分中心收集到的市场信息，报送企业相关领导、部门及市场营销中心各部门。

(3) 与产品有关要求的确定结果

为产品开发和维护、生产、销售提供输入信息，包括：

① 企业下达的年度生产销售计划、定向整合及新增计划，以及国家局规定的各省调出、调入计划；

② 在国家计划总量框架内具体各品种的生产销售计划；

③ 销售合同；

④ 与产品有关的要求的评审。

当企业接受到客户对产品已确定的要求后、企业在向客户作出提供产品的承诺前，需进行评审，这是对客户负责。因为评审的目的是为了确保产品的要求得到规定，当客户合同要求提出变更时，企业应再次组织评审。

审核期间需要验证的事实有：采用什么方式与客户沟通；与客户确定的要求还存在模糊的情况下需要澄清；确定的要求包括那些方面；法规、预期已知用途和组织的要求是否包含在产品要求中；客户有无指定的特殊特性，没有指定时如何操作；客户规定的要求是否和相关法律法规产生矛盾。

审核所必需的资讯有：客户要求记录表；书面的衡量效率和有效性的指标；特殊特性清单；培训记录；图纸、作业指导书的标注。

(4) 直接过程体现企业综合实力

不可否认，直接过程毕竟是实现产品的过程，这就决定了他工作性质的重要性，决定了他需承担支持服务过程质量以及直接过程质量的双重质量，决定了他要承担体现在产品质量上的一切责任，因为产品代表了企业的综合实力。

与顾客有关的过程，围绕产品，大致包含这么多的内容。而占据沟通频率最大的内容是：顾客对要求的调整和更改，但一切以市场为中心、以客户和消费者为中心的市场经济时代，只有微笑面对。

(二) 生产服务提供的管理

影响服装产品质量的因素有人员、设备、面料、工艺（工艺参数）、信息和环境等，所以对影响生产服务提供过程质量的所有因素加以控制，才能使生产服务过程始终受控。

所谓生产服务提供，就是企业的所有职能，都必须围绕人、机、料、法、环等影响生产服务提供过程质量的所有因素加以控制，使这些要素始终处于受控条件下，这样才能向客户提供符合质量的产品和服务。

1. 人员因素(人)

所谓人，就是指在现场的所有人员，包括主管、司机、生产员工、搬运工等一切存在的人。人是生产管理中最大的难点，也是目前所有管理理论中讨论的重点，围绕这“人”的因素，各种不同的企业有不同的管理方法。人的性格特点不一样，那么生产的进度，对待工作的态度，对产品质量的理解就不一样。发掘性格特点的优势，削弱性格特点的劣势，就是要你能善于用人。

如何提高生产效率，就首先从现有的人员中去发掘，尽可能地发挥他们的特点，激发员工的工作热情，提高工作的积极性。人力资源课程就是专门研究如何提高员工在单位时间内工效，如何激发员工的热情的一门科学。简单地说，人员管理就是生产管理中最为复杂，最难理解和运用的一种形式。关于人员标准化要求：

(1) 生产人员符合岗位技能要求，经过相关培训考核；

(2) 对特殊工序应明确规定特殊工序操作、检验人员应具备的专业知识和操作技能，考核合格者持证上岗；

(3) 对有特殊要求的关键岗位，必须选派经专业考核合格、有现场质量控制知识、经验丰富的人员担任；

(4) 操作人员能严格遵守公司制度和严格按工艺文件操作，对工作和质量认真负责；

(5) 检验人员能严格按工艺规程和检验指导书进行检验，做好检验原始记录，并按规定报送。

2. 生产设备因素(机)

机，就是指生产中所使用的设备、工具等辅助生产用具。生产中，设备的是否正常运作，工具的好坏都是影响生产进度，产品质量的又一要素。机器设备的管理在企业管理范畴中排序第二。无论是服装还是印染，设备出问题所造成的质量次品，往往是批量性的。这里的生产设备受控有两层含义：

(1) 机器的维护

公司应不定期开展现场管理检查，并建立相配套的奖罚制度，使每个设备责任人形成自觉保养设备的良好习惯。员工在交接班的时候，必须有机器设备运行情况的交接记录，一旦发现机器设备运行异常便可及时报告、及时维护。此外，还应定期组织安排机器设备操作培训等，以达到安全操作的目的。

(2) 提高生产效率

指的是能提高生产效率、能减少工序、能减轻员工操作负担的模具、辅具等工具的创造和改造。如：服装滚边这到工序，设备部门利用拉筒装置使滚边工序的效率提高了10倍，达利(中国)服装车间的劳模利用这个工具所创造的操作动作，被纺织部工会组织命名为“操作法”。

3. 物料因素(料)

物料也就是原材料，它包含服装的各种面、辅料、配件等，同时也包含生产过程中的半成品。物料控制环节是安全生产的重要因素：一是由于物料成本占总成本的50%或以上；二是物料质量控制的难度大；三是产品生产过程中的物料衔接过程难度大。

现在的工业产品的生产，分工细化，一般都有几种几十种配件或部件是几个部门同时运作。当某一部件未完成时，整个产品都不能组装，造成生产工序停工待料。不论你在哪一个部门，你工作的结果都会影响到其他部门的生产运作。当然，你不能只顾自己部门的生产而忽略其后工序或其他相关工序的运作；因为企业的运作的是否良好是整体能否平衡运作的结果。例如：领料人员必须对仓库原料进行及时检验，原材料不合格生产出来的产品一定是不合格，所以严禁将不合格原料领进车间。

生产管理的工作里面，必须密切注意前工序送来的半成品，仓库的配件，自己工序的生产半成品或成品的进度情况。一个好的管理者，是一个能纵观全局的人，能够为大家着想的人。同时，车间还应建立专门的考核制度，培养员工认真、仔细的工作作风。

4. 工艺因素(法)

指生产过程中所需遵循的规章制度。它包括：工艺指导书，标准工序指引，生产图纸，生产计划表，产品作业标准，检验标准，各种操作规程等。

工艺和工艺参数在服务加工过程中的重要性在于，它是设计开发转发为生产的桥梁。生产和支持服务部门，应该得到来自于设计和开发、业务等部门提供的关于产品特性的信息，如工艺规格、包装要求、原料特征等信息。甚至设计过程中走过的"弯路"，都应作为工艺文件中的"注意事项"。这样才能有效地指导、帮教员工按规范进行生产加工。

各工序半成品放行标准、成品放行标准、都要明确并受控，服装行业中的每一道工序都应有样板挂在样板区，同时还要控制好交付前和交付过程的控制。如装箱单、客户在交付前抽检的报告、出口产品的话，还要凭装箱数量报关等。

5. 环境因素(环)和信息

环境与服装产品质量的关系不是十分密切，但是环境可直接影响到生产者的安全生产。所以也是创造优质产品的前提。例如：生产车间冬天太冷，会直接影响操作人员的工作质量；物品的摆放不规范，会影响生产的进度；车间卫生条件差，会引来鼠蚁等。

因此，车间的管理应结合"整理、整顿、清扫、清洁、素养"的5S管理思想，以现场管理为出发点，通过开展自查与互查的方式，结合车间实际制定相应细则。营造良好的工作环境，鼓励员工积极参加"合理化建议"活动，发现、探索各类提高现场生产与管理的有效建议，并对相关建议进行分析、完善、付诸实施，以达到不断改进的目的。

信息指客户新要求、工艺更改、生产组别调整等。这些信息涉及大量的后续工作，一旦滞后会造成批量返修、返工或次品，甚至还会央及货期。

以上的五个项目，每一个条件的某一个环节失控，都会造成很大的混乱和损失。大家切记这五大影响产品质量的要素：人、机、料、法、环。

四、任务实施

(一) 案例讨论

根据提供的案例分组讨论20 min，各组派一名组长阐述观点每组5 min，总结15 min。

1. 案例讨论①

浙江某电视台于2010年8月曝光了某事件。有人在某世界知名品牌店中购买了一件价值八千多元的羊绒衫，在穿了不到一个月后羊绒衫严重起球。消费者想去该店换货但是被告知不可以。于是就投诉到了电视台，希望借舆论的影响力来向店家讨说法。

起初店内人员不肯接受电视台的采访，在多方交涉后，店方派出了代表对此事做公开回应："我们品牌的羊绒衫也是羊绒衫，羊绒衫该有的特性我们品牌的产品也会有。所以消费者购买时也应考虑到。"

思考：此知名品牌的产品为什么要买八千多？在消费者购买时是否应该说清楚羊绒衫的使用特点？作为经营商该如何妥善解决此问题，让消费者再次信任该品牌？

2. 案例讨论②

某厂接到一单意大利的服装生产任务。客户要求其中领圈的袖窿部分要用手工拱针完成,这项工艺难度较大,耗费时间较多,而客户对生产周期的要求也比较紧。

生产车间的刘师傅提出,能不能改用机器完成此工艺呢?业务部与客户沟通后,得到回复"可以考虑,要求做样确认。"于是生产部马上按照客户提供的样衣外观,安排用机器做样给客户重新确认。最后圆满地解决了这单任务。

思考:手工拱针和机器制作的优劣有哪些?刘师傅的提议得到了客户的同意,如果当时客户否决了提议,作为你会如何应对。

3. 案例讨论③

某厂为加拿大客户生产的吊带裙,款号为J20110708。客户实际要求是臂根以下里布取消,由于在沟通理解过程中出现偏差,我们从打样到大货都一直保留了里布。案例发生于大货生产阶段了,所以改款式已经来不及了,最终导致需特别就此事跟客户沟通,使客户接受有里布这一事实。增加里布的制作也增加了该厂的生产成本,客户又不满意,得不偿失。

思考:这个案例的责任部门有哪些?以后的改进措施是什么?

4. 案例讨论④

某厂为美国客户生产服装,款号为M20110809。这个款式的门襟工艺由于采用的是常规针织门襟工艺,下端转角位置工艺上很难得到较好的处理,导致非常容易出现止口毛出的现象,案例发生于大货生产阶段。

生产部的路厂长经验丰富,在了解情况后建议以后遇到类似情况,可以采用枇杷袖衩工艺进行修正。他把这一设想提供给客户,沟通后得到确认。这样一来,以后就可以避免类似的品质问题出现了。

思考:大货已生产,但路厂长本着为客户着想的原则提出了自己的设想,你认为这种事后的做法可取吗,为什么?

(二) 生产服务提供的发散性思维练习

某厂连续两天的早晨,都发现车间的地上有一滩积水,因为水可能会弄污衣物,所以生产厂长非常重视这个事件,要求严查。

请发挥你的想象力,丰富这个案例。通过生产服务提供的各个环节分析,来说明地上为什么会有一滩积水。

环节	事 件 分 析
人	
机	
料	

（续表）

环节	事 件 分 析
法	
环	

五、任务反思

评 价 项 目	评 价 情 况
请简述与顾客有关的沟通。	
请简述与产品有关的沟通。	
请描述影响产品质量的控制环节。	
通过众多案例的分析，你的感受有哪些。	

六、任务评价

评价指标	评价标准	评价依据	权重	得分
课堂提问	A：对前次课内容熟悉； B：回答的正确性； C：自我观点的补充。	回答表现	5	
案例讨论	A：分组讨论时的表现； B：阐述观点时的表现； C：观点的正确性。	课堂表现	45	

（续表）

评价指标	评价标准	评价依据	权重	得分
发散性思维练习	A：逻辑正确； B：与生产服务提供有关； C：条理清晰。	事件分析	20	
教学常态	A：遵守校纪校规； B：上课教材资料齐备； C：5S管理制度。	平时表现	30	
总　分				

项目三　服装质量成本的管理

任务一　生产成本分析及核算方法

一、学习目标

通过本项任务的学习应该达到以下目的：

1. 了解成本与费用的关系；
2. 掌握材料费、劳务费、制造费的计算方法；
3. 了解成本的控制程序。

二、任务描述

服装企业同其他企业一样，为了达到降低成本的目的，必须进行成本管理。

三、知识准备

成本管理是企业经营过程中获得利润增长的第一要素，对于企业家来说：不重视成本管理就等于犯罪。

利润＝销售价－成本

从这个公式中我们可以清晰地看见，控制好成本就能保证利润的空间。服装企业同其他企业一样，为了达到降低成本的目的，必须进行成本管理。

成本管理是指在企业经营方针的指导下，贯彻执行各部门制定的降低成本或维持成本的目标并使之实现的一种手段。它包括生产经营过程中各项成本核算、成本分析、成本决策和成本控制等一系列科学管理行为的总称。成本管理一般包括成本预测、成本决策、成本计划、成本核算、成本控制、成本分析、成本考核等职能。

（一）生产成本

1. 成本与费用

成本是指企业在生产和销售某种产品所支出的各项费用的总和，通常以货币的形式表现。

费用是指企业在生产经营过程中所发生的各项耗费，包括直接费用、间接费用和期间费用等。例如劳务费、材料费、协作加工费、管理费、财务费、销售费等人力、物力、财力等费用。

成本和费用是两个并行使用的概念，两者之间既有联系也有区别。成本是按一定对象所归集的费用，是对象化了的费用。费用则是指资产的耗费。因此成本又可以理解为商品生产中所发生的各种费用。

2. 生产成本

生产成本是生产单位为生产产品或提供劳务而发生的各项生产费用，包括各项直接支出和制造费用。直接支出包括直接材料（原材料、辅助材料、备品备件、燃料及动力等）、直接工资（生产人员的工资、补贴）、其他直接支出（如福利费）；制造费用是指企业内的分厂、车间为组织和管理生产所发生的各项费用，包括分厂、车间管理人员工资、折旧费、维修费、修理费及其他制造费用（办公费、差旅费、劳保费等）。

在市场经济条件下，产品成本是衡量生产消耗的补偿尺度，企业必须以产品销售收入抵补产品生产过程中的各项支出，才能确定盈利，因此在企业成本管理中生产成本的控制是一项极其重要的工作。生产成本法是目前世界各国普遍采用了一种成本计算方法，用生产成本法计算成本时，只将生产经营过程中发生的直接材料费用、直接人工费用和制造费用计入产品成本，而管理费用、财务费用和销售费用不计入产品成本，而是作为当期费用直接计入当期损益。

生产成本是工业企业为生产一定种类、一定数量的产品所发生的直接费用、直接人工和间接制造费用的总和。企业原材料消耗水平，设备利用好坏，劳动生产率的高低，产品技术水平是否先进等，都会通过生产成本反映出来。换言之，生产成本的控制能反映企业生产经营工作的效果。

（二）成本的构成要素

服装产品的成本是指服装生产过程中消耗的生产资料价值、管理费用及支付给工作人员劳动报酬等价值的货币表现，主要可以分为材料费、劳务费和制造费三部分。可以根据这些费用在产品实现过程中的不同花费形式分为直接费用和间接费用。

1. 材料费是指在生产过程中的劳动对象，通过加工使之成为半成品或成品，它们的使用价值随之变成了另一种使用价值。

直接材料费：面料费、里料费、衬料费、缝线费、附属品费等。

间接材料费：缝纫机车针、缝纫机油、零件、纸、画粉（易耗物品备用品费）等。

2. 劳务费是指生产过程中所耗费的人力资源，可用工资额和福利费等计算。

直接劳务费：基本工资、计件工资、加班费、奖金等。

间接劳务费：临时工或钟点工工资、假日工资、养老保险金、公积金、绩效工资、奖金等。

3. 制造费则是指生产过程中使用的厂房、机器、车辆及设备等设施及机物料和辅料，它们的耗用一部分是通过折旧方式计入成本，另一部分是通过维修、定额费用、机物料耗用和辅料耗用等方式计入成本。

直接制造经费：样衣试制费、工艺卡制作费、外发加工费、设备租赁费、申请专利费等。

间接制造经费：折旧费、蒸汽（热电汽费）、搬运费、交通费、通信费、仓储损耗费、工商税务费等。

还有很多的费用支出形式不得列入成本，如购置和建造固定资产、无形资产和其他资产的支出；设备技术改造支出；对外投资的支出；被罚没的财物、支付的滞纳金、罚款、违约金、赔偿金以及赞助、捐赠、联合办学等费用；国家规定以外的社会保险，如简易人身保险；法律法规规定不得列入成本的各种费用。

（三）成本的核算方法

企业的成本核算一般有两种方式，一种是在该项任务完成后的成本核算；一种是在每月底发工资前进行的成本核算。

1. 第一种项目完成后的成本核算，例题见表3－1－1，主要包括以下三个方面：

（1）材料费

服装公司的材料或原料，由两种进货渠道：一种是自购，另一种是客供。

计算方法：直接材料费＝材料需要用量×实际价格

材料需用量＝生产成衣数量×平均单件成衣用料量×（1＋用料损耗率）

（2）劳务费

直接劳务费计算方法：直接劳务费＝产品作业时间×标准工资率

工资率＝期间预计工资总额/工人人数×工作天数×每天作业时间×（1－缺勤率）

间接劳务费计算方法：如修补工、搬运工、包装工、机修工等间接工作人员的工资以及管理人员、高、中层领导等的工资，将执行另外一套工资分配体系。

（3）制造费

产品制造费种类很多，与产品的关系复杂，对于加工指定产品所需要的费用可以参见表3－1－2。

表3－1－1　成本核算方法（一）

计算题	题目	某服装厂接到制作1 000件衬衫的任务。面料与辅料在生产的开始就一次投入，产品成本中的原材料费用所占比重很大。该任务本月原材料费用13 000元，人工费用5 500元，制造费用1 000元，完成了全部的1 000件衬衫，月末无在产品。
	要求	计算该项任务完工产品成本和单位产品成本。
	解答	完工产品成本＝材料费＋劳务费＋制造费＝13 000＋5 500＋1 000＝19 500（元） 完工产品单位成本＝19 500/1 000＝19.5（元）

表3－1－2　制造费

分　类		内　容
直接经费		外加工、租赁费等
间接经费	支付经费	修缮及易耗品费、搬运及一般管理费、保管费、交通费、检验费、通讯费、事务用品费、杂费等
	月扣经费	折旧费、贷款分期付款费、保险费、税金、产品设计费等
	测定经费	电费、燃料费、水费等
	其他经费	仓储损耗费等

2. 第二种是在每月底发工资前进行的成本核算，例题见表3-1-3

这种计算方法叫做约当产量法。约当产量法是根据月末在产品盘点的数量用技术测定，定额工时消耗或凭借经验估计，确定它们的完工程度，再按完工程度，将在产品折合成产品的数量，然后将产品应计算的全部生产费用，按完工产品数量和在产品约当量进行计算，求出单位成本、完工产品成本和在产品成本的计算方法。在产品指的是处在生产过程中尚未最后完工的产品。

(1) 在产品约当产量

计算公式：在产品约当产量＝在产品数量×完工率(完工程度)

(2) 单位成本(即每件完工产品应分配的费用)

计算公式：单位成本＝(期初在产品成本＋本期生产费用)/(完工产品产量＋期末在产品约当量)

(3) 月末在产品的成本

计算公式：月末在产品成本＝月末在产品约当产量×单位成本

或：月末在产品成本＝(月初在产品成本＋本月发生生产成本)－完工产品成本

(4) 完工产品的成本

计算公式：完工产品成本＝完工产品数量×单位成本

表3-1-3　成本核算方法(二)

计算题	题目	某服装厂接到一项任务，本月末完工500件，在产品200件，完工程度50%。已知本月生产费用发生3 300元，月初在产品600元。
	要求	请用约当产量法分配月末在产品和完工产品成本。
	解答	约当产量＝200×50%＝100(件) 月初在产品(600)＋本月生产费用(3 300)＝全部生产费用(3 900) 单位成本＝3 900/(500＋100)＝6.5 完工产品成本＝6.5×500＝3 250(元) 在产品成本＝6.5×100＝650(元)

(四) 生产成本的控制

生产过程中的成本控制，就是在产品的制造过程中，对成本形成的各种因素，按照事先拟定的标准严格加以监督，发现偏差就及时采取措施加以纠正，从而是生产过程中的各项资源的消耗和费用开支限在标准规定的范围之内。控制的内容主要包括材料成本的控制、工资成本的控制、劳用成本的控制、在产品成本控制等。

在成本控制过程中我们的基本工作程序如下：

1. 确定成本控制的标准

所谓成本控制标准，就是在整个生产、技术、经营过程中，为各车间、各部门规定费用开支和人力、物力、等资源耗费的标准。成本标准是成本控制的准绳，成本标准首先包括成本计划中规定的各项指标。但成本计划中的一些指标都比较综合，还不能满足具体控制的要求，这就必须规定一系列具体的标准。确定这些标准的方法，大致有三种：

(1) 计划指标分解法。即将大指标分解为小指标。分解时,可以按部门、单位分解,也可以按不同产品和各种产品的工艺阶段或零部件进行分解,若更细致一点,还可以按工序进行分解。

(2) 预算法。就是用制定预算的办法来制订控制标准。有的企业基本上是根据季度的生产销售计划来制订较短期的(如月份)的费用开支预算,并把它作为成本控制的标准。采用这种方法特别要注意从实际出发来制订预算。

(3) 定额法。就是建立起定额和费用开支限额,并将这些定额和限额作为控制标准来进行控制。在企业里,凡是能建立定额的地方,都应把定额建立起来,如材料消耗定额、工时定额等等。实行定额控制的办法有利于成本控制的具体化和经常化。

2. 监督成本形成过程

可运用对比、预测、调查分析阻力和潜力而及时提供增收节支的信息。这就是根据控制标准,对成本形成的各个项目,经常地进行检查、评比和监督。不仅要检查指标本身的执行情况,而且要检查和监督影响指标的各项条件,如设备、工艺、工具、工人技术水平、工作环境等。所以,成本日常控制要与生产作业控制等结合起来进行。

(1) 材料费用的日常控制。车间施工员和技术检查员要监督按图纸、工艺、工装要求进行操作,实行首件检查,防止成批报废。车间设备员要按工艺规程规定的要求监督设备维修和使用情况,不合要求不能开工生产。供应部门材料员要按规定的品种、规格、材质实行限额发料,监督领料、补料、退料等制度的执行。生产调度人员要控制生产批量,合理下料,合理投料,监督期量标准的执行。车间材料费的日常控制,一般由车间材料核算员负责,它要经常收集材料,分析对比,追踪原因,并会同有关部门和人员提出改进措施。

(2) 工资费用的日常控制。主要是车间劳资员对生产现场的工时定额、出勤率、工时利用率、劳动组织的调整、奖金、津贴等的监督和控制。此外,生产调度人员要监督车间内部作业计划的合理安排,要合理投产、合理派工、控制窝工、停工、加班、加点等。车间劳资员(或定额员)对上述有关指标负责控制和核算,分析偏差,寻找原因。

(3) 间接费用的日常控制。车间经费、企业管理费的项目很多,发生的情况各异。有定额的按定额控制,没有定额的按各项费用预算进行控制,如采用费用开支手册、企业内费用券(又叫本票、企业内流通券)等形式来实行控制。各个部门、车间、班组分别由有关人员负责控制和监督,并提出改进意见。

3. 及时纠正偏差

针对成本差异发生的原因,查明责任者,分别情况,分别轻重缓急,提出改进措施,加以贯彻执行。对于重大差异项目的纠正,一般采用下列程序:

(1) 提出课题。从各种成本超支的原因中提出降低成本的课题。这些课题首先应当是那些成本降低潜力大、各方关心、可能实行的项目。提出课题的要求,包括课题的目的、内容、理由、根据和预期达到的经济效益。

(2) 讨论和决策。课题选定以后,应发动有关部门和人员进行广泛的研究和讨论。对重大课题,可能要提出多种解决方案,然后进行各种方案的对比分析,从中选出最优方案。

(3) 确定方案实施的方法步骤及负责执行的部门和人员。

(4) 贯彻执行确定的方案。在执行过程中也要及时加以监督检查。方案实现以后,还要检查方案实现后的经济效益,衡量是否达到了预期的目标。

四、任务实施

(一) 案例讨论

根据提供的案例分组讨论 15 min,各组派一名组长阐述观点每组 3 min,总结 10 min。

1. 案例讨论

某服装公司在进行有效的成本核算时遇到了一些问题,部门经理召开会议征集答案,请大家集思广益来对这些问题提出自己的看法。

① 产品款号很多,七八百种,而且每个款号的产量不多;

② 即使同一款号的衣服,每次生产的成本也不一样,如果一次性做多几件,单件材料成本就低一点;

③ 工人工资是计件工资,但是都在月底或者次月由老板定,因为发工资是在次月 15 号;

④ 本月生产总数和用料总数可以确定;

⑤ 库存积压较多,本月卖的衣服也有相当一部分是以前的。

⑥ 库存方面,成品入库一直用零售价,无法确定成本;

这种情况下,该如何进行有效的成本核算?

(二) 计算题

1. 某服装厂生产一批服装,面料和辅料在生产开始一次投入了,产品成本中的面、辅料费用所占比重很大,月末在产品按其所耗原材料费用计价。该种产品月初面、辅料的费用投入 3 000 元,本月面、辅料的费用 10 000 元,人工费 2 500 元,制造费用 1 500 元。本月完工产品 1 500 件,月末在产品 400 件。

要求:按在产品所耗面、辅料费用计价法分别计算完工产品成本和月末在产品成本。

(三) 核算生产成本

根据前期的流水线任务内容核算相应的生产成本。

材料费	
劳务费	

（续表）

制造费	
合计	

五、任务反思

评 价 项 目	评 价 情 况
请描述成本和费用的联系。	
请描述生产成本的核算方法。	
你认为在生产的过程中哪些环节是比较容易控制节约成本的，为什么？请举例	

六、任务评价

评价指标	评价标准	评价依据	权重	得分
课堂提问	A：对前次课内容熟悉； B：回答的正确性； C：自我观点的补充。	回答表现	5	
案例分析	A：分组讨论时的表现； B：阐述观点时的表现； C：观点的正确性。	课堂表现	30	
计算题	A：计算结果正确； B：成本核算正确； C：记录信息准确。	计算题 成本核算	35	
教学常态	A：遵守校纪校规； B：上课教材资料齐备； C：5S 管理制度。	平时表现	30	
总　分				

任务二　质量成本的管理

一、学习目标

通过本项任务的学习应该达到以下目的：

1. 了解运用质量成本方法，可以追求卓越的管理目标；
2. 掌握和运用质量成本的方法；
3. 了解品管七方法。

二、任务描述

质量成本是为了保证满意的质量而支出的一切费用以及由于产品质量未达到满意而产生的一切损失的总和。学习分析掌握质量成本的方法。

三、知识准备

（一）质量成本

质量成本即为了保证满意的质量而支出的一切费用以及由于产品质量未达到满意而产生的一切损失的总和。

质量成本定义包含着两种性质特征，一种是为了保证使客户满意的质量而主动的、自觉的、有预算计划的支出；一种是因为在过程中由于出现非正常波动而被动的但也必须是自觉的和无预算计划的支出。第一种性质的质量成本是已知的，第二种性质的质量成本是未知的。企业需要研究和持续改善的就是如何增加已知质量成本的投入，减少未知质量成本的投入。

根据国际管理大师克劳斯比经验描述，质量成本应占企业销售总额的3%～4%，努力实现零缺陷。企业要想成功地改善管理的方式，关键就是建立系统的质量成本管理体系，谁离这个目标越近，谁就能成为行业竞争中的超前者、优胜者。

（二）质量成本的基本原理图

根据质量成本基本原理图（图3－2－1）可知道企业的质量总成本由：符合性成本、非符合性成本、错失机会的成本和超过要求的损失成本组成。

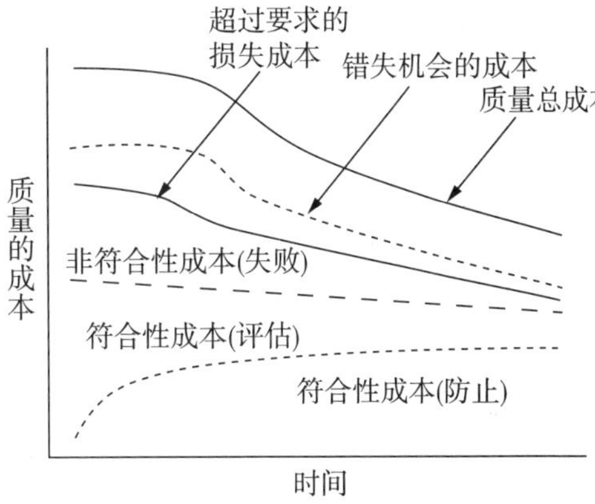

图3－2－1　质量成本基本原理图

标准生产成本：凡是一次做好做准确的是

合理的成本。

这里将分别讲述构成质量总成本的四种表现：

1. 非符合性成本

非符合性成本由内部过失成本和外部过失成本组成。

（1）内部过失成本，在交付外部用户以前在公司内产生的成本。简言之，就是公司非之前预料的，在生产或工作过程中，出现的报废损失、废料损失、返工翻修损失、停工损失、设计改良损失等等，都属于内部过失成本。正因为是非预料性产生的费用，所以称之为内部质量损失成本。

目前，针织公司正实施的内部过失成本的项目是：毛纱质量损失、毛纱超重损失、次品余衣损失、正品余衣损失、短运损失、织片翻修损失、织片返工损失、加班损失等。

由于内部过失造成的经济损失，会增加公司非符合性成本，于是既影响公司的经济效益，又影响公司接单能力，更降低了公司在市场上的竞争能力。

（2）外部过失成本，提供有缺陷的产品或服务所产生的成本。简言之，就是公司所提供的产品，因为质量或服务不能满足客户和消费者的要求，所造成的索赔、降价、投诉甚至向法院提出申诉所产生的一切费用。

针织服装公司体现的外部过失成本项目有：赔空运、降价、索赔。

2. 错失机会的成本

由于次等的产品和服务，导致失去现有及潜在顾客损失的收入。如：解除合约、失去顾客、取消合作意向等。

3. 超过要求的损失

提供不必要和不重要的服务的成本。如多余的资料、错综复杂的分析或不受欢迎的推销等。

超过要求的损失与给客户惊喜有不同的含义，当企业提供的使客户没有感觉的服务，一定与惊喜有本质的不同。但超越顾客的要求，可以作为质量成本，但必须要关注“度”。

4. 符合性成本

可分为预防成本和评估成本，也可说鉴定成本。

预防成本：任何花费调查行动的成本、防止或者减少缺陷和失败成本，称之为预防成本，如：计划、质量策划、训练、质量攻关、与供应商发展等。

鉴定成本：评估或鉴定质量所支付的费用。如检验、检查、审核、测试、检测等。

国际管理大师克劳斯比提出过这样的论点：质量是免费的。其实，这是质量管理的最高境界。就现实管理所应追求的，应是增加预防成本和鉴定成本的投入，从而逐渐减少非符合性成本和错失良机损失成本的投入，只有通过这阶段艰苦的努力，才有可能减少质量总成本的投入。

（三）质量成本系统的建立

1. 建立质量成本数据库

质量成本是一项可以量化各个层面结果的管理。“用数据说话”、“用实据管理”是在每一模块中要重点强调的。如何建立质量成本数据库是建立质量成本系统的前提条件。步骤如下：

(1) 需鉴定全部质量活动的成本。

(2) 分开所有用成本的活动，包括：预防、评估、过失、失去机会和超过要求。

(3) 建立能记录不同成本的系统。

2. 建立合适的会计制度。确立最决定性的要素、数据能即时取得，而且是所有有关人员都能够取得

3. 判定质量成本的方法

(1) 全部要用成本的活动范围和性质。

(2) 是否需要证实及记录有关的活动。

(3) 是否需要审核有关活动。

4. 建立一个记录系统

(1) 建立一个能准确记录各项成本的系统。

(2) 建立一个额外系统，用于记录解决顾客投诉的出差费和膳食费。

(四) 品质管理七方法

品管七大手法是常用的统计管理方法，又称为初级统计管理方法。它主要包括分层法、控制图、因果图、直方图、排列图、检查表、散布图等所谓的 QC 七工具。随着时间的变迁现在又出现了新 QC 七大手法包括关联图、系统图、亲和图、矩阵图、PDPC 法、箭条图、矩阵数据解析，以及简易 QC 手法包括折线图、柱状图、饼分图、雷达图、甘特图、头脑风暴等。这里主要围绕最常用的品管七大手法展开讲解。

这七大手法是在品质管理工作最基本的也是不可缺少的，在品质问题的处理和数据的初步整理方面起着重要的作用，通过对 QC 七工具的理解和运用，就可以用简单易懂的方法来了解各个过程中的绩效。质量改进的重要工具之一，在过程质量改进的初期，可帮助确定现象和改进的机会。另外，管理人员的工作不仅仅要掌握数据分析，更重要的是确定问题，制订计划和进行部门之间的协调等。所以管理人员还要具备从各方面获得语言文字信息，进行整理构思并运用到实际工作中的能力。QC 七种工具能够帮助对语言资料进行分解，从各种混乱的互相缠绕的因素中，抓住问题的关键，寻找新构思，制定切实可行的措施和方法。

1. 分层法——从不同的角度来发现问题

分层法就是性质相同的，在同一条件下收集的数据归纳在一起，以便进行比较分析。因为在实际生产中，影响质量变动的因素很多如果不把这些因素区别开来，难以得出变化的规律。分层可根据实际情况按多种方式进行。分层法的目的是把性质不同的数据和错综复杂的影响因素分析清楚，找到问题的症结所在，以便对症下药解决问题。这也是七种方法中最基本的一种。例如，按不同时间，不同班次进行分层，按使用设备的种类进行分层，按原材料的进料时间，原材料成分进行分层，按检查手段，使用条件进行分层，按不同缺陷项目进行分层，等等。

分层法的原则主要有两点。首先，分层要结合生产实际情况进行，目的不同，分层的方法和粗细程度也不同；其次分层要合理，要按相同的层次进行组合分层，以便使问题暴露的更清楚。可以按操作员、设备、材料、方法、工作时间等分类。

2. 因果图(鱼骨图)——寻找引发问题的原因

问题的特性总是受到一些因素的影响，我们通过头脑风暴法找出这些因素，并将它们与特性值一起，按相互关联性整理而成的层次分明、条理清楚的表示于一张图里，并标出重要因素的图形就叫特性要因图。因其形状如鱼骨，所以又叫鱼骨图，如图 3－2－2 所示。它是一种透过现象看本质的分析方法。同时，鱼骨图也用在生产中，用来形象地表示生产车间的流程。

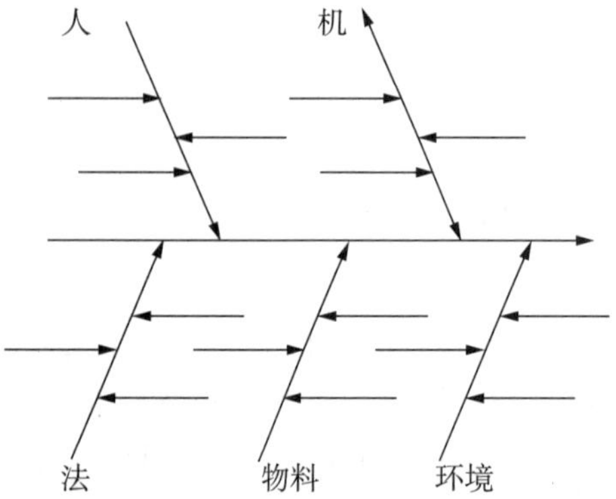

从人、机、料、法、环分析具体的工作错误

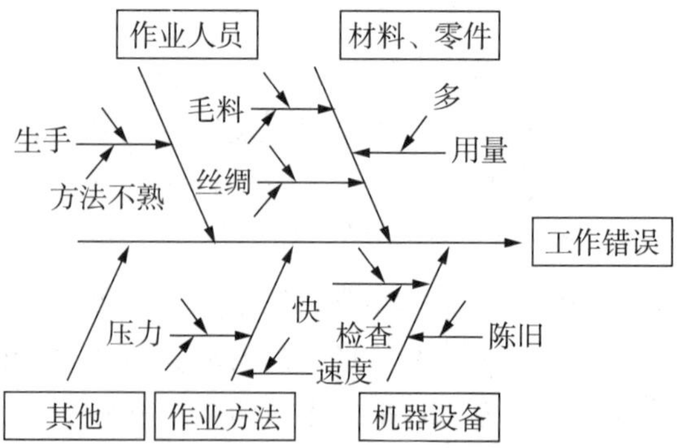

鱼骨图的具体案例分析法

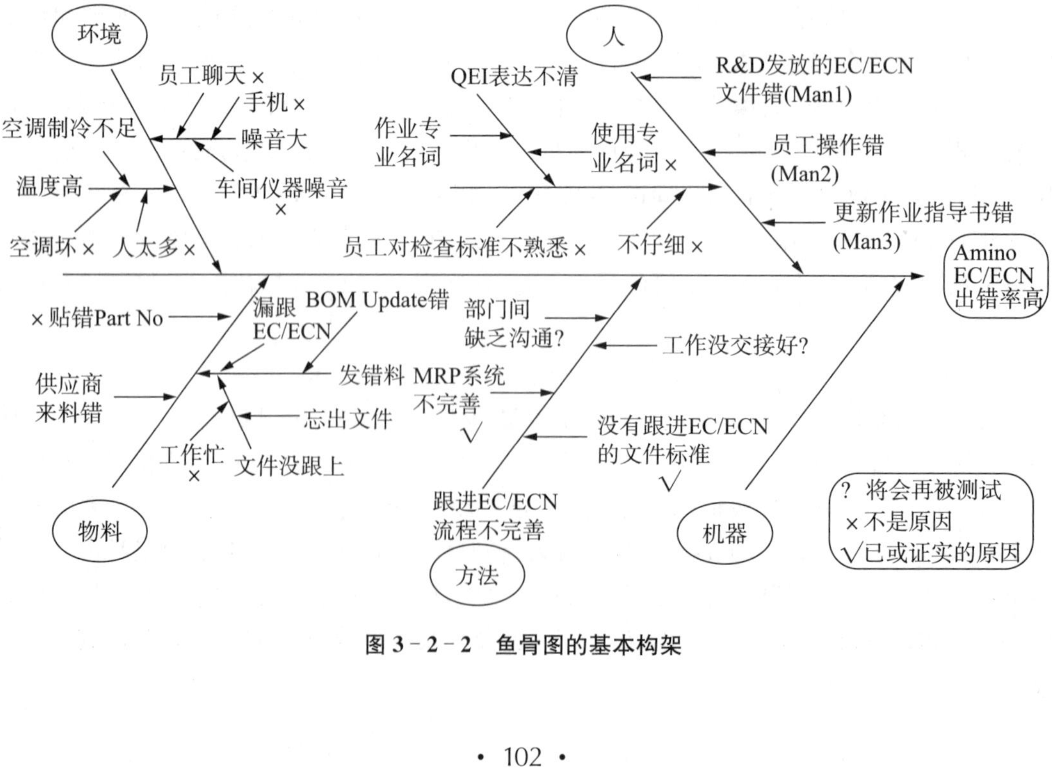

图 3－2－2　鱼骨图的基本构架

3. 直方图——展示过程的分布情况

直方图又称柱状图、质量分布图。是一种统计报告图，由一系列高度不等的纵向条纹或线段表示数据分布的情况，它是表示资料变化情况的一种主要工具。一般用横轴表示数据类型，纵轴表示分布情。可以比较直观地看出产品质量特性的分布状态，对于分布状况一目了然，便于判断其总体质量分布情况。

首先要对资料进行分组，因此如何合理分组是其中的关键问题。按组距相等的原则进行的两个关键数位是分组数和组距。是一种几何形图表，它是根据从生产过程中收集来的质量数据分布情况，画成以组距为底边、以频数为高度的一系列连接起来的直方形矩形图。下面是几种常见的直方图形。

(1) 钟型分配：在上下界限中央有一高形以中心点对称，显示此数据来自一个自然的常态过程，如图 3-2-3(1)所示。

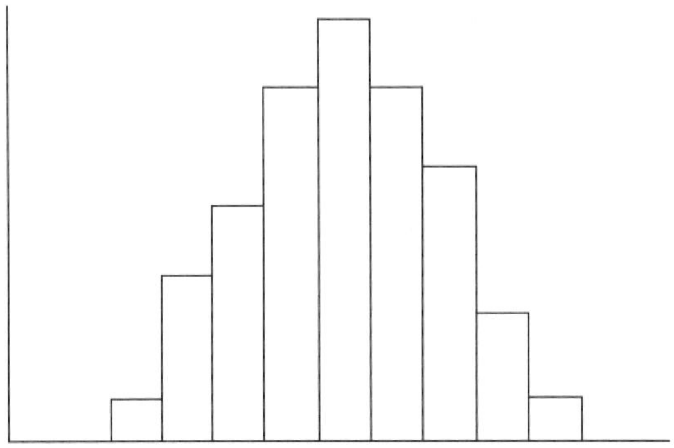

图 3-2-3(1)　钟型分配图

(2) 双峰分配：在数据分布范围之中央有一低谷，两旁各有一高峰。此种图形是混合两个钟型分配，可能的情形是这些数据来自两部不同机器，两个不同操作员或两条不同的生产线，如图 3-2-3(2)所示。

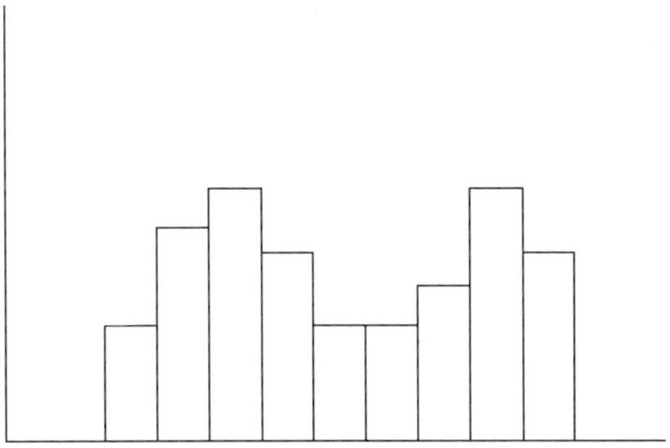

图 3-2-3(2)　双峰分配图

(3) 高原型分配：直方图没有显著的高峰和尾端，此种直方图的数据可能来自数个钟型分配。一种可能的原因是无标准作业程序，操作员自行其事，造成极大变异，如图 3-2-3(3)所示。

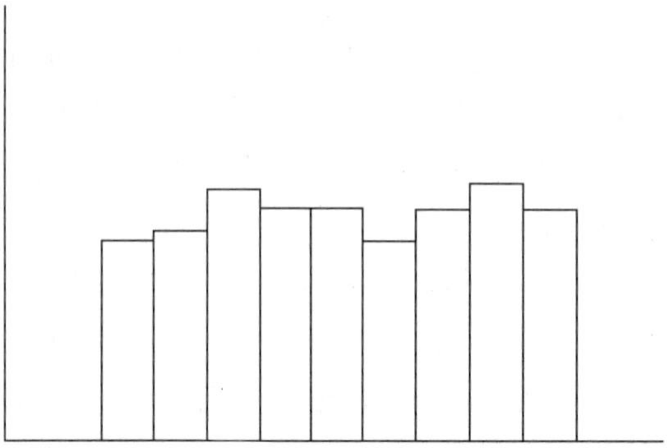

图 3-2-3(3) 高原型分配图

(4) 边缘突出型分配：在平滑分配的边缘出现一突出之高峰，此情形通常为资料记录错误所造成，如图 3-2-3(4)所示。

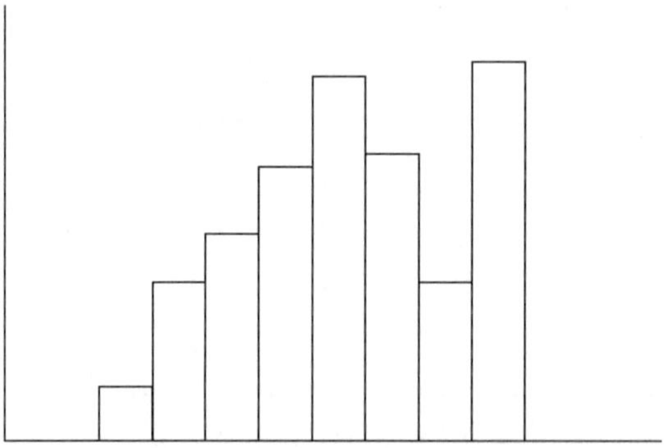

图 3-2-3(4) 边缘突出型分配图

(5) 离岛型分配：在直方图上出现两个大小相差甚多的高峰，较低的高峰附近的数据可能来自于某一特别的机器、制造程序或作业员，如图 3-2-3(5)所示。

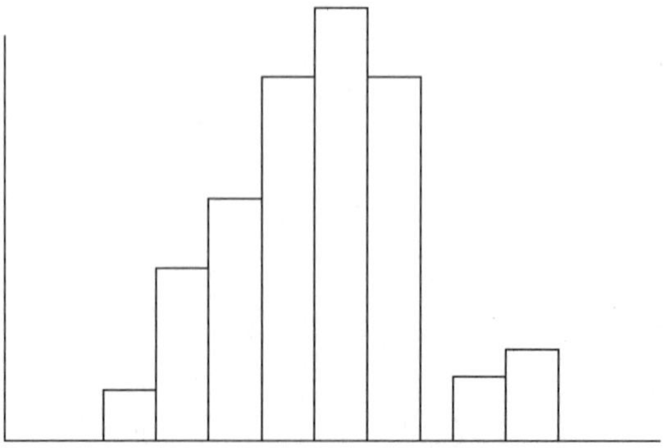

图 3-2-3(5) 离岛型分配图

4. 排列图(帕拉图)——确定主要因素

排列图又称主次因素排列图，是质量管理工作中常用的一种统计工具，是找出影响产品质量主要因素的一种有效方法。它是由两个纵坐标、一个横坐标、几个按高低顺序依次排列的长方形和一条累计百分比折线所组成的图，排列图又称帕拉图。

最早是由意大利经济学家帕拉图(Pareto)用来分析社会财富的分布状况。他发现少数人占有着绝大多数财富，而绝大多数人却占有少量财富处于贫困的状态。这种少数人占有着绝大多数财富左右社会经济发展的现象，即所谓"关键的少数、次要的多数"的关系。后来，美国质量管理专家米兰，把这个"关键的少数、次要的多数"的原理应用于质量管理中，便成为常用方法之一(排列图)，并广泛应用于其他的专业管理。

通过对排列图的观察分析可抓住影响质量的主原因素。这种方法实际上不光在质量管理中，在其他许多管理工作中，例如在库存管理中，都有是十分有用的。在品质管制过程中，要解决的问题很多，但往往不知从哪里着手，但事实上大部分的题，只要能找出几个影响较大的原因，并加以处置及控制，就可解决问题的拉图是根据归集的资料，以不良原因、不良状况发生的现象，有系统地加以分类，计算出各案例所产生的资料(如不良率，损失金额)及所占的比例按照大小顺序排列，再加上累积值的图形，如图 3－2－4 所示。

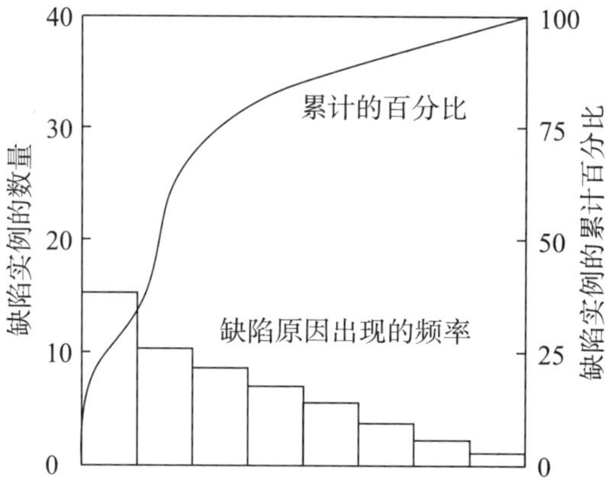

图 3－2－4　排列图

5. 检查表——收集整理及分析数据

检查表又称调查表，是为了收集和整理数据所采用的图表，用调查表收集数据的优点是数据记录简便，并在记录的同时自行完成对数据的整理。调查表的格式多种多样，一般要根据调查的目的自行设计。

如该调查表用于调查不合格品是由哪些质量特性不符合质量标准要求而造成的，以及它们各自出现次数的多少。见表 3－2－1。

表 3－2－1　不合格产品检查

不合格项目	缺陷出现数	合计
线头、脱线	正正正正一	21
污　点	正正正正正正	30

（续表）

不合格项目	缺陷出现数	合计
尺寸不合格	正正正一	16
其　他	正一	6
合　计		73

6. 控制图——识别波动的来源

制图法又称管理图，它是由休哈特于1924年首先提出，用于分析和判断工序是否处于稳定状态，且带有控制界限的图形。是对生产过程的关键质量特性值进行测定、记录、评估并监测过程是否处于控制状态的一种图形方法。据假设检验的原理构造一种图，用于监测生产过程是否处于控制状态。它是统计质量管理的一种重要手段和工具。

生产过程中的产品质量总是波动的。从统计学的角度看，这种波动产生于两方面的原因，一是系统性波动（由系统原因造成的质量波动），二是正常波动（由非系统原因造成的质量波动）。在工序处于稳定状态的情况下，产品质量的特性值服从正态分布，即以期望值（理想质量目标）X为中心线，以X±3σ为上下限，99.7%的质量数据值应落在界限内。所以，在实际生产过程中，产品质量在上下限之间围绕中心波动属正常波动；一旦超出这一界限，则属系统性波动，说明工序运行发生了变化，出现了异常情况，应及时查明原因，采取措施予以纠正，以防不合格产品的发生。如图3-2-5所示。

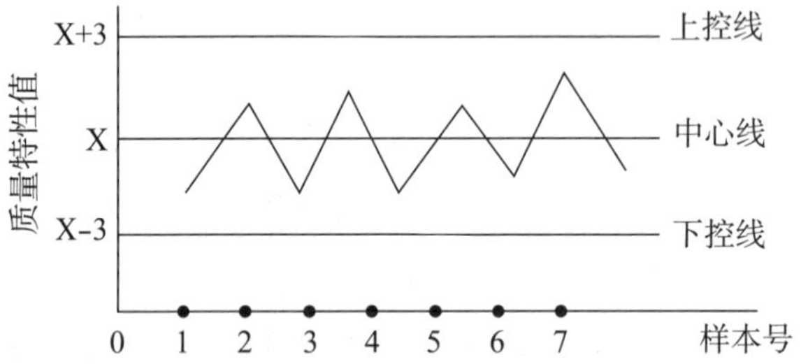

图3-2-5　控制法图

7. 散布图——展示线性变量之间的关系

散布图又叫相关图，它是将两个可能相关的变数资料用点画在坐标图上，用成对的资料之间是否有相关性。这种成对的资料或许是“特性—要因”、“特性—特性”、“要因—要因”的关系。通过对其观察分析，来判断两个变数之间的相关关系。

用来绘制散布图的数据必须是成对的(X,Y)。通常用垂直轴表示现象测量值Y，用水平轴表示可能有关系的原因因素X。推荐两轴的交点采用两个数据集（现象测量值集，原因因素集）的平均值。收集现象测量值时要排除其他可能影响该现象的因素。如图3-2-6所示。

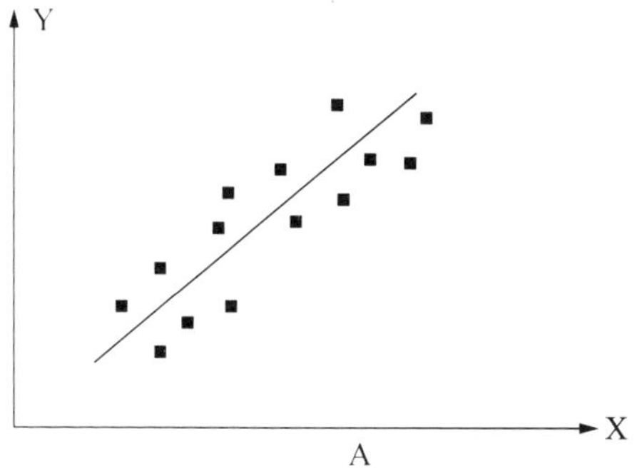

强正相关

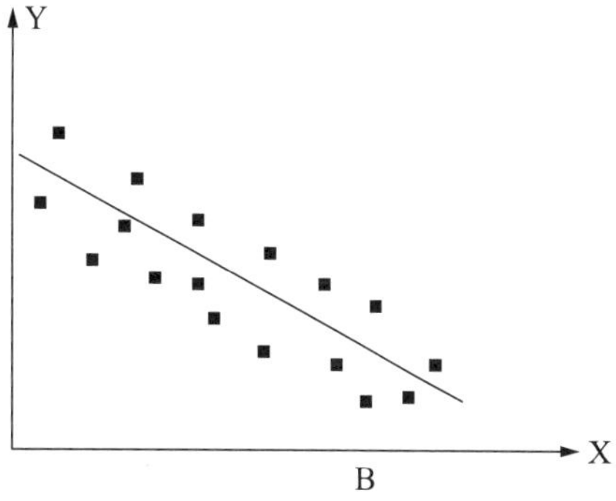

强负相关

图 3-2-6　不同类型的散布图

四、任务实施

（一）案例讨论

根据提供的案例分组讨论 25 min，各组派一名组长阐述观点每组 5 min，总结 15 min。

1. 案例讨论①

某服装厂的裁床经常出现“负裁损”，新到任的厂长检查后感到很吃惊。于是他按流程进行层层检查，最后查到该厂的仓库管理非常混乱。如裁剪后剩余的面料通常留在裁房，而未退回仓库存放。

于是该厂长尝试推行以制单为单位的核算系统管理。如每袋面料上都有制单号，裁剪多余的面料必须退回仓库，哪怕是错片也要退回。做到每个制单面料单单清。

改革后该服装厂的负裁损率为“0”，一般裁损率控制在“3%～5%”，成本大幅下降，每月为企业节约资金近万元。

思考：为什么裁损率上升了成本却下降了？谈谈以制单为单位的核算系统实行后有哪些优势。

2. 案例讨论②

针织工厂的实践。毛纱超重损失项目，运用提案的方法进行。他与印染不同，毛纱的单件标准重量体现在客户的合同上，一旦超重，必然是质量内部损失。活动过程：

(1) 与客户沟通解决跳码存在的磅重问题。

(2) 调整欧洲组报价策略。

(3) 毛纱标准重量控制从车间—计划部—业务部，建立信息系统。

(4) 毛纱——成衣全过程定量和回潮率控制。

针织通过质量成本单项提案的活动实践，毛纱超重损失从 8.2 万元，下降到 1.8 万元。

思考：以下是毛纱超重提案的表头见表 3-2-2。通过该案例的学习，谈谈你觉得每次事后分析是否必要？为什么？

表 3-2-2 提案表

提案名称	汇集与措施	措施进展情况	牵涉开支	标准开支	计算方法	相关文件和结果

3. 案例讨论③

某服装分公司的面料成本占总成本的 60%～70%。他的标准成本控制点在用料和裁损。服装分公司 2006 年采购面料总额为 18 600 万元。我们做了一个假设性的推断：

在诱人的假设面前，服装分公司开展了一项为期 1 年的控制活动：

假设：1) 裁损降低到1.5%，则节约成本为85.56万元
2) 当裁损降低到1%，则节约成本为178.56万元

（1）确定了不同的裁损标准：500 件以下：3%；500～1 000 件：2%；1 000 件以上：1%

（2）确定裁损的定义：通过裁剪后无法利用的边角料为合理的标准裁损。（注：不包含布损和印染损。）

根据标准和定义，划清了内部所应负的责任和供应商所应负的责任，在提升自我的同时，还为供应商提供了改善的机会。于是确定了移动目标：

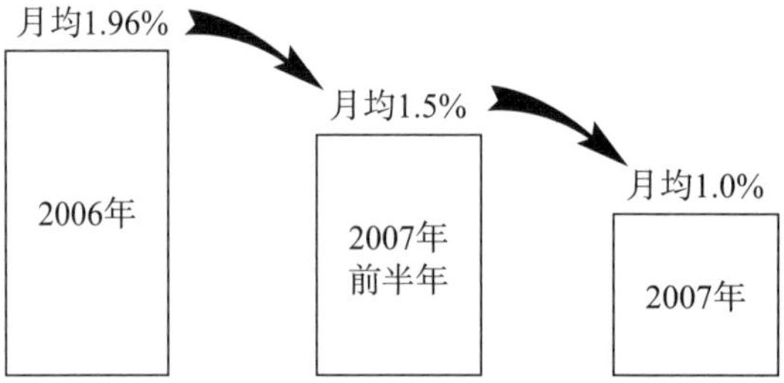

服装分公司运用质量成本方法，围绕 1.96%裁损原因，展开了 PDCA 的活动过程。

（1）因果图示，确定内部主因两项：即电脑排唛与实际排唛有差异、查片工序人力资源配备不充分；外部主因是供应商面料质量问题。

（2）针对主因进行对策实施（见品管圈活动表附件）

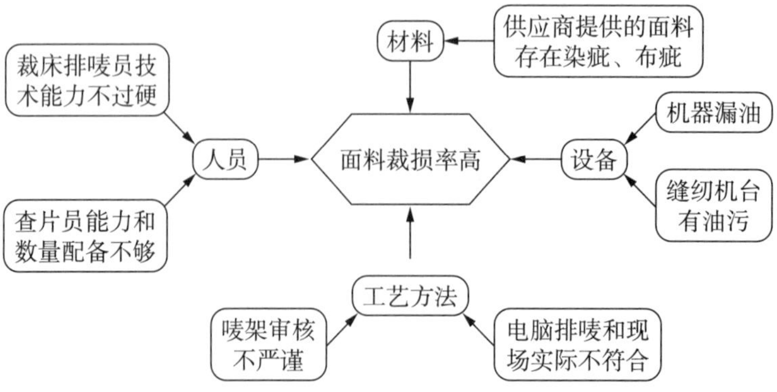

（因果图）

(3) 持续活动统计表(见裁损统计表)

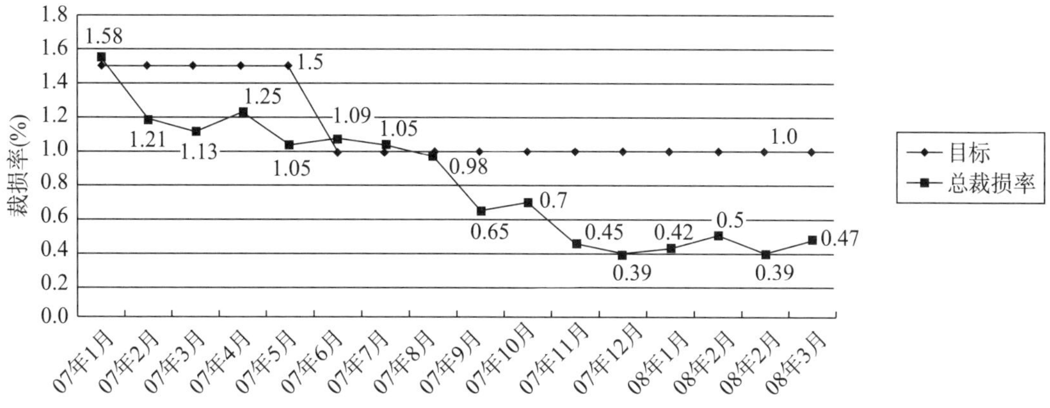

裁损统计图

(4) 结果对比

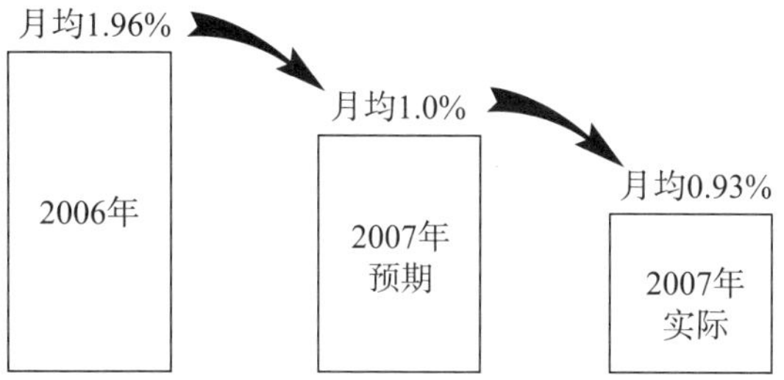

该项为期一年的质量成本管理工作终于告一段落，最后的成果是为该企业节约成本142万元。

思考：通过该案例的学习，你觉得该公司在计划行动前是否有些莽撞？质量成本管理的必要性是什么？

4. 案例讨论④

金融危机，对从事外贸服装加工企业来说，有两个方面的压力：一是国际市场对服装购买力的下降；二是国内劳动力成本上升和退税比例下调。所以从事外贸服装的企业，都采用转型升级战略，也就是从“依赖按单”转变为“部分按单”部分开辟内销市场，从而主打自己的品牌，这不外乎是一种好的战略和战术。

杭州有一家外贸公司，除采用了“转型升级”战略之外还不懈地运用了质量成本的管理方法。他们认真分析现有的问题并把每个问题，都用“金额”作为单位进行排列，对造成质量成本损失的轻重，重点确立了质量成本改善项目，包括：赔空运、二次检测量、面料二次领用损失量、裁损超标损失量等。对这些确立的重点项目进行挖潜。

比如，面料质量损失成本的控制。在面料使用过程中，对核对、排料、补料、裁损等环节，都建立了“质量成本”控制点。每个环节都用“钱”为单位，让管理人员和员工都能直观的面对自己存在的问题，从而使每个岗位，每个员工都能以“比标准要求损失了多少钱”，“比规定节约了多少钱”，把损失的和节约的金额，与他们的绩效挂靠。

他们持续采用“质量成本管理方法”，使这家公司在金融危机面前尽管销售额量比下降，但利润率却同比上升，这在同行中是一个很好的例子，这也是质量成本作为管理方法的魅力。

思考：通过该案例的学习，你还能列举出其他的质量成本管理的方法吗？其优势在哪里？

（二）案例搜索与分析

以你认为服装产品生产过程中某一重要环节为目标，寻找关于质量成本管理的案例，撰写相关的分析报告。

案例名称：
案例内容：
改进措施与过程：
改进结果：

五、任务反思

评价项目	评价情况
请描述质量成本管理的概念及分析方法。	
请描述预防成本、鉴定成本、内部损失成本和外部损失成本，你认为如何划分？	

（续表）

评 价 项 目	评 价 情 况
通过案例的讨论，你的感受与体会。	

六、任务评价

评价指标	评价标准	评价依据	权重	得分
案例讨论	A：分组讨论时的表现； B：阐述观点时的表现； C：观点的正确性。	课堂表现	35	
分析报告	A：书写规范； B：内容齐全； C：分析细致、准确。	分析报告	35	
教学常态	A：遵守校纪校规； B：上课教材资料齐备； C：5S 管理制度。	平时表现	30	
总　分				

附录一　常用服装缝纫标志

标　志	内　容	标　志	内　容
B	胸围	UB	乳下围
W	腰围	MH	中臀围
H	臀围	BL	胸围线
BPL	乳峰线	WL	腰围线
MHL	中臀围线	HL	臀围线
EL	肘线	KL	膝线
BP	乳峰点	SNP	侧颈点
FNP	前颈点	BNP	后颈点
SP	肩峰点	AH	袖窿
HS	头围	FC	前中心线
BC	后中心线		
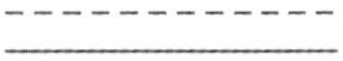	明线		双止口明线
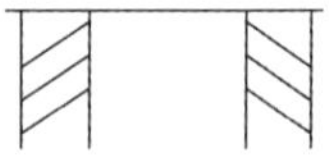	明裥	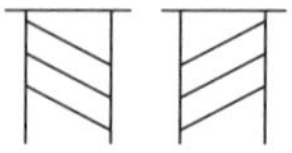	折裥
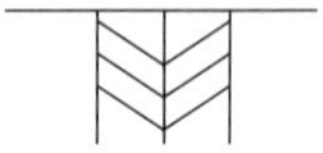	暗裥		省
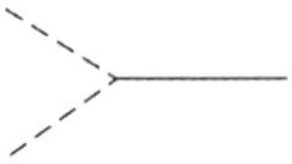	开省号		塔克线
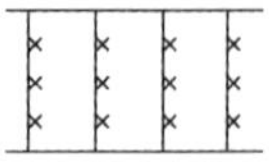	司马克	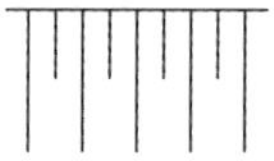	碎褶
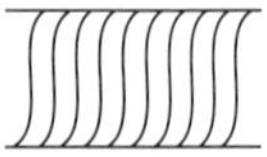	罗纹	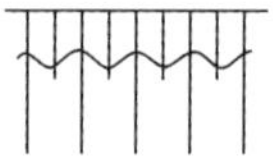	橡筋

（续表）

标　志	内　容	标　志	内　容
	扣眼位	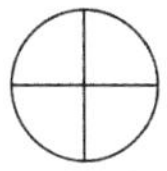	扣位
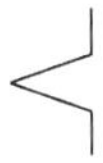	眼刀	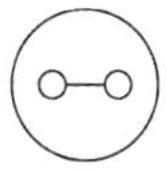	钉扣
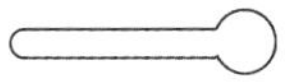	锁眼	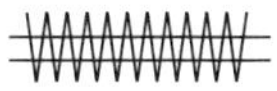	打套结
	线襻		针
	线钉		缲针
	三角针		纳针

附录二　常用服装洗涤熨烫标志

标　志	内　容	标　志	内　容
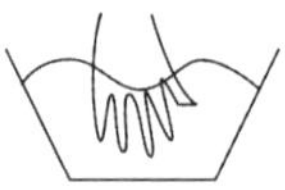	手洗须小心。	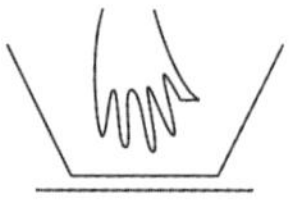	只能手洗。
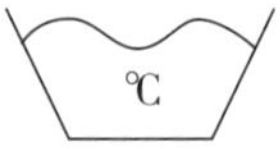	可用机洗。	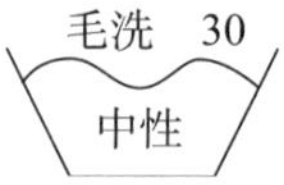	可轻轻手洗，不能机洗，30℃以下洗涤液温度。
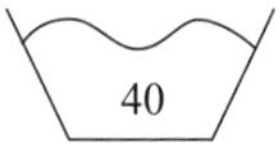	水温 40℃，机械常规洗涤。	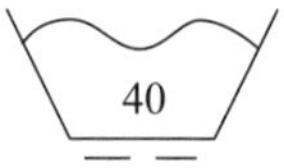	水温 40℃，机械作用弱常规洗涤。
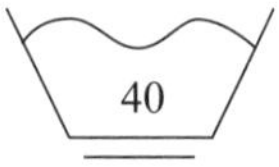	水温 40℃，洗涤和脱水时强度要弱。		不能水洗，在湿态时须小心。
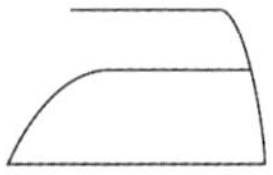	可以熨烫。	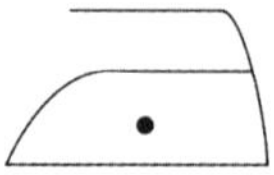	熨烫温度不能超过 110℃。
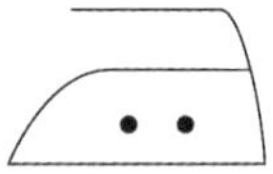	熨烫温度不能超过 150℃。	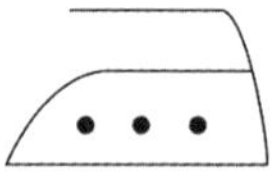	熨烫温度不能超过 200℃。
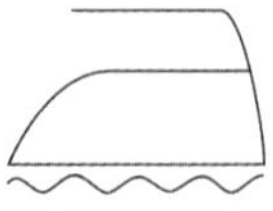	须垫布熨烫。	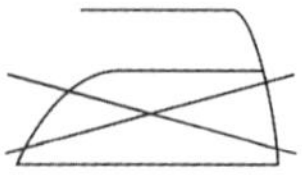	不可以熨烫。
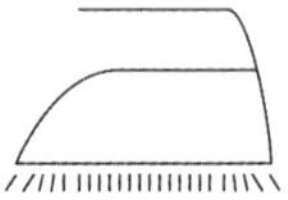	须蒸汽熨烫。	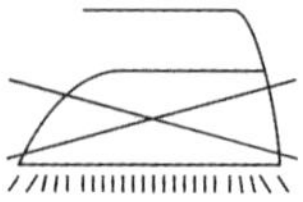	不能蒸汽熨烫。
	适合所有干洗溶剂洗涤。	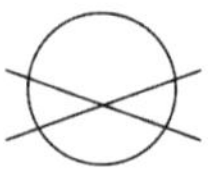	不能干洗。
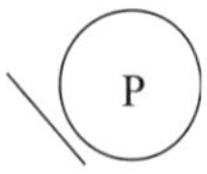	干洗时间短。	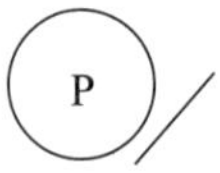	低温干洗。

（续表）

标　志	内　容	标　志	内　容
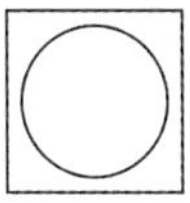	可放入滚筒式干衣机内处理。	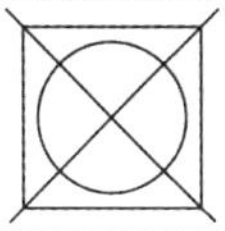	不可放入滚筒式干衣机内处理。
	可以用洗衣机洗，但必须用弱档洗。	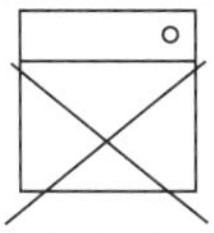	不能使用洗衣机洗涤剂。
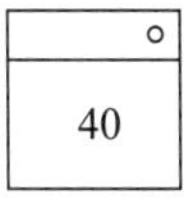	使用 40℃ 以下洗涤液温度，可机洗也可手洗，不考虑洗涤剂种类。		使用 40℃ 以下洗涤液温度，机洗用弱水流也可轻轻手洗，中性洗涤剂。
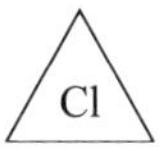	可以氯漂。	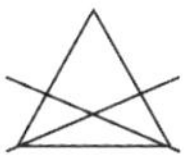	不可以氯漂。
	可以拧干。	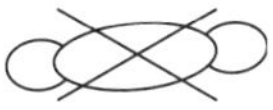	不可以拧干。
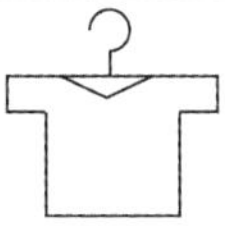	悬挂晾干。	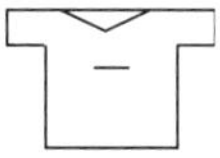	平摊干燥。
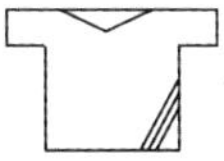	阴干。	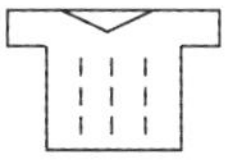	滴干。

附录三　服装行业常用单位换算

1. 1 英寸＝2.54 厘米
2. 1M(米)＝39.37 英寸
3. 1Y(码)＝36 英寸
4. 1Y(码)＝0.914 4 米
5. 1M(米)＝1.0936 码
6. 1 kg(千克)＝2.204 6 磅
7. 1P(磅)＝16 安士(盎司)
8. 1P(磅)＝0.453 6 公斤
9. 1 罗＝144 个＝144 码＝132 米
10. (千克)kg：kg×2.204 6÷0.000 511÷封度÷克重＝码数
11. 码数化为千克(kg)：码数×封度×克重×0.000 051 1÷2.204 6＝kg(千克)
12. 码数化为磅(P)：码数×封度×克重×0.000 051 1＝磅(P)
13. 计算纸箱的体积(米)：长×宽×高×总箱数＝体积(m^3)

附录四　部分服装企业岗位流程图

- 生产计划流程图

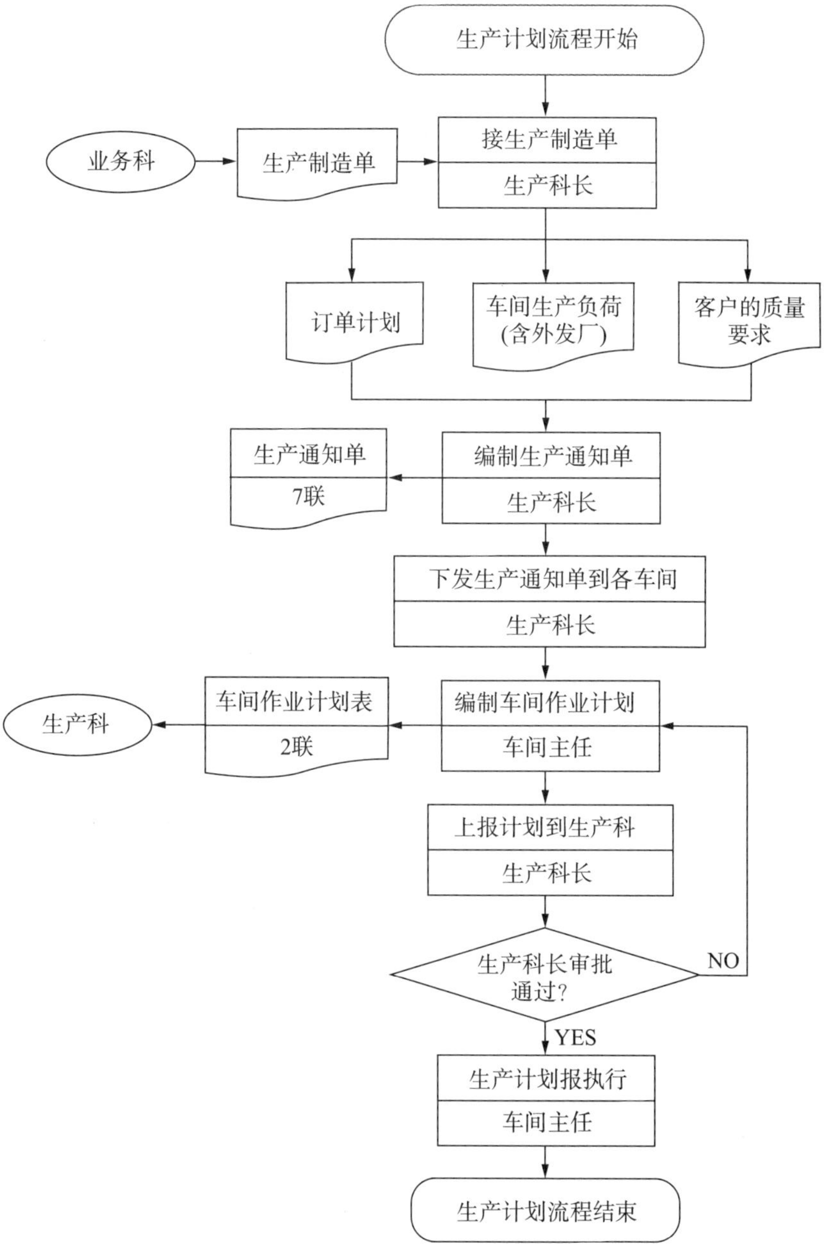

- 常规辅料采购流程图

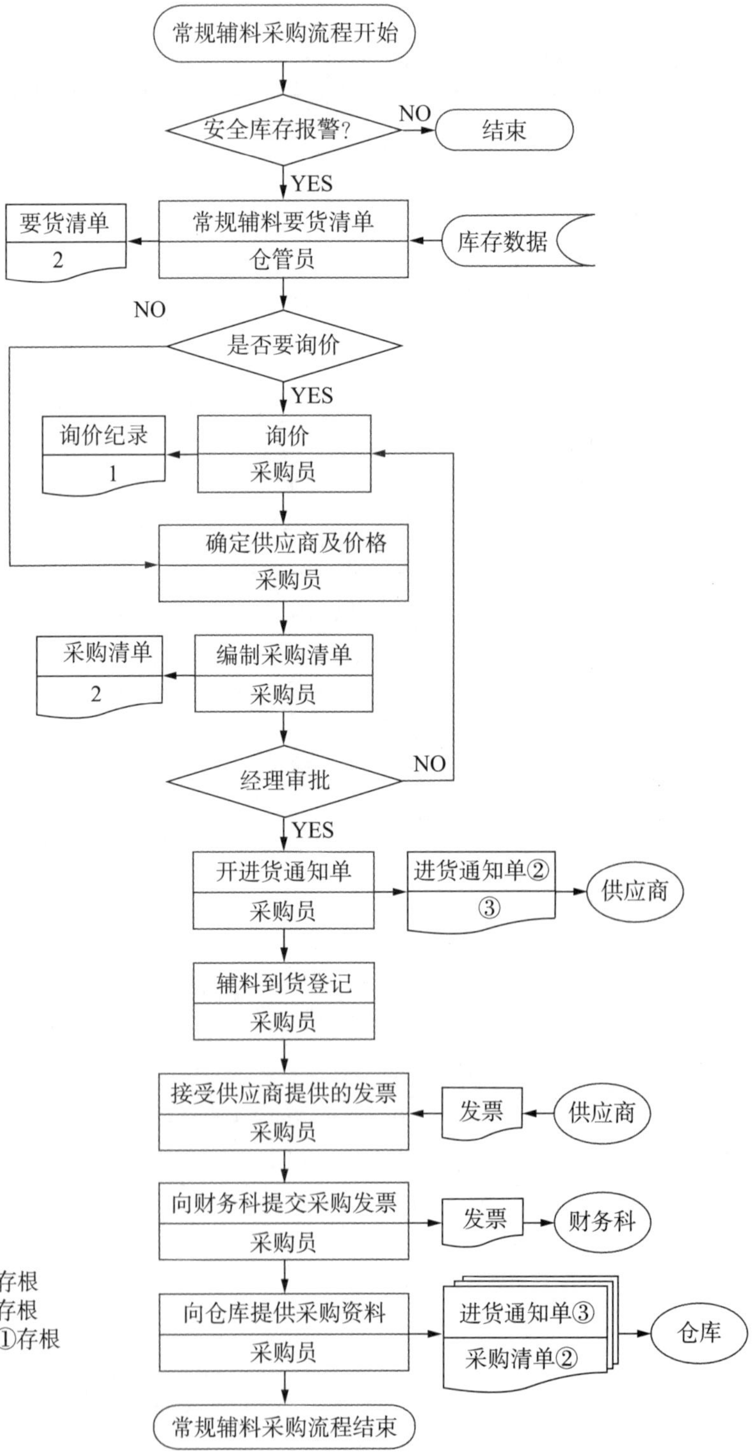

注：采购清单①存根
供销合同①存根
进货通知单①存根

● 客供面料供应流程

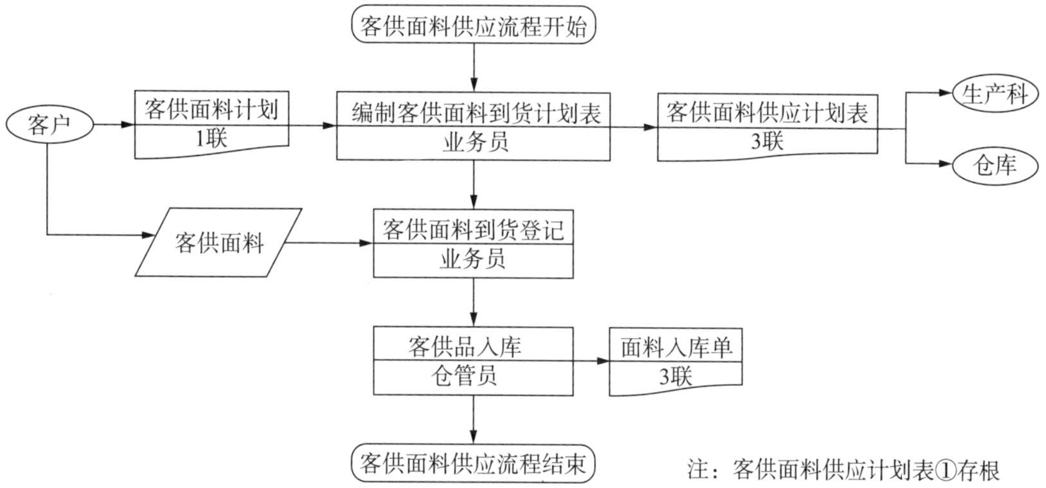

● 打样领料流程图

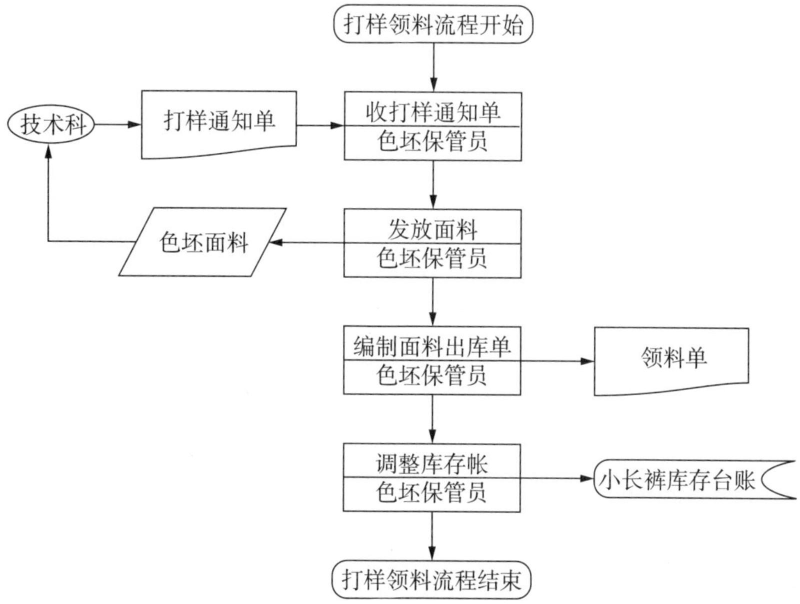

● 样衣成本核算流程图

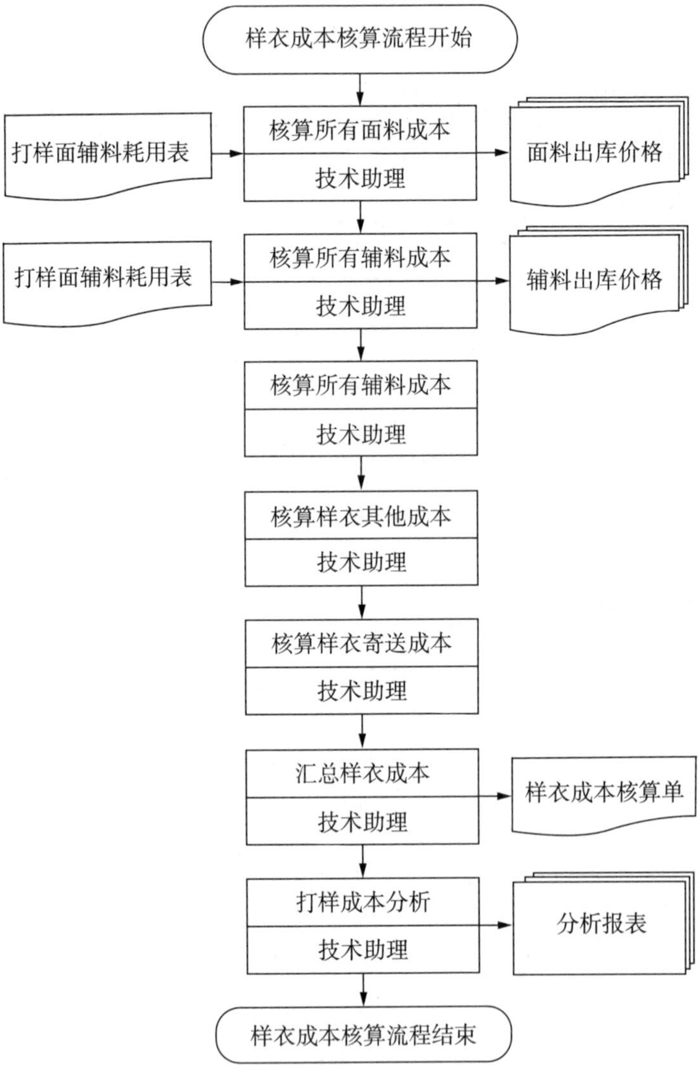
样衣成本核算流程开始
打样面辅料耗用表
核算所有面料成本
技术助理
面料出库价格
打样面辅料耗用表
核算所有辅料成本
技术助理
辅料出库价格
核算所有辅料成本
技术助理
核算样衣其他成本
技术助理
核算样衣寄送成本
技术助理
汇总样衣成本
技术助理
样衣成本核算单
打样成本分析
技术助理
分析报表
样衣成本核算流程结束

附录五　某公司面料检验标准

● 面料检验标准

1. 面料检验标准采用美标四分制，根据疵点大小和严重性为依据进行罚分，依据以下标准：

美标四分制表

疵点大小	罚分
疵点＜3 英寸	扣 1 分
3 英寸＜疵点＜6 英寸	扣 2 分
6 英寸＜疵点＜9 英寸	扣 3 分
9 英寸＜疵点	扣 4 分

严重疵点的定义：指疵点明显，对下一道的产品质量影响严重并且在后续的整理中无法清除，如破洞、黄斑等，严重疵点无论大小均扣 4 分。

一米内无论有多少个疵点，最多只计 4 分。

2. 同样的疵点在一米内重复出现扣 4 分。

3. 连续性疵点每一米扣 4 分。

4. 通幅疵点(松紧边、拼幅、窄幅、中边差等等)均是每米扣 4 分。

5. 长裙、大裁片款式的面料在检验面料疵点的罚分均按照每个疵点扣 4 分处理。

6. 效果花、定位花面料可直接算损耗：有次品的回位个数/一匹的总回位数＝损耗。

● 面料检验比例

1. 试点客户：XXXX XXXXXX XX，面料检验数量比例：1 000 m 以内的每批、每单、每色全检；1 000～3 000 m 每批、每单、每色检验比例不得少于 50%，检验总米数不得少于 1 000 m；3 000 m 以上的每批、每单、每色检验比例不得少于 30%，检验总米数不得少于1 500 m。

2. 其他常规客户，每批、每单、每色检验数量不少于 30%，检验总米数不得少于 500 m，来料少于 500 m 的需全检。

3. 常规客户若面料单价在 10 美元/米以上，检验比例不得少于 50%。

4. 里布每批、每单、每色检验数量不少于总数量的 10%，且不得少于 300 m，来料少于

300 m需全检。若里布单价在10美元/米以上，检验比例不得少于50%。

5. 面料色LOT每批、每单、每色全检。

● 单卷面料不合格的判定

1. 单卷(匹)面料百平方米罚分超过28分(不包括28分)为不合格。
2. 面料有异味的均判定为不合格。
3. 中边差、头尾差于确认样对比低于AATCC标准4级的判定为不合格。
4. 10平方米内有超过4个严重性疵点判定为不合格。
5. 100平方米内平均有10个严重性疵点判定为不合格。
6. 头尾3 m内出现严重性疵点判定为不合格。
7. 面料长度的要求公差为(0～1%)，超出公差则为不合格。
8. 面料纬斜的要求公差为(0～3%)，超出公差则为不合格。
9. 面料的密度和克重的要求公差为(±3%)，超出公差则为不合格。
10. 面料包装袋上无标签或标签上的信息不充分则为不合格。
11. 面料包装严重破损则为不合格。

● 整批不合格的判定

经检验不合格的面料数量超过抽检数量的30%，则整批不合格。

附录六　某公司梭织服装检验标准

● 车缝疵点(单位：英寸)

疵　点	定义/允差	严重(大疵)	轻微(轻微)
条子、方格等不对称	1/18″以上	√	
条子、方格等不对称	1/18″以下		√
止口反吐		√	
丝里外露		√	
边、脚、袋唇等歪曲不平顺	明显	√	
边、脚、袋唇等歪曲不平顺	不明显		√
扭骨	线扭曲、扭裤筒	√	
拉松		√	
针孔	明显部位	√	
针孔	不明显部位		√
橡根、膊棉、黏衬变黄		√	
膊棉、黏衬起粒		√	
货不对办	颜色、款式、辅料等	√	
车缝打褶		√	
车线、间线不顺直			√
跳针、漏针、跳线	明显部位	√	
跳针、漏针、跳线	不明显部位		√
驳线	明显部位	√	
驳线	不明显部位		√

（续表）

疵　点	定义/允差	严重(大疵)	轻微(轻微)
线痕露珠	因底线太紧或太松引起不平	√	
针步太疏	按制单要求每寸少于一针或以上	√	
针步太疏	按制单要求每寸少于一针或以下		√
双线不平衡	明显歪斜	√	
翻折后线头不清		√	
落坑		√	
止口大小	1/18″或以上	√	
左右不对称	高、低袋或袋口大小，1/4″或以上	√	
左右不对称	高、低袋或袋口大小，1/4″或以下		√
袋位散口		√	
袋面布或袋唇与衫身色差		√	
拉链头外露		√	
拉链门襟转弯位欠顺		√	
拉链起皱、起谷	装拉链面布太紧使其起谷或起皱	√	
拉链尺寸长短	相差 1/4″或以上	√	
拉链尺寸长短	相差 1/4″或以下		√
爆骨、爆线		√	
拷边止口大小	1/8″以上	√	
拷边止口大小	1/8″或以下		√
拷边弯曲	1/8″以上	√	
拷边弯曲	1/8″或以下		√
拷边底面线明显欠佳		√	
拷边部位散口		√	

（续表）

疵 点	定义/允差	严重(大疵)	轻微(轻微)
袖底骨不对称	1/8″以上	√	
袖底骨不对称	1/8″或以下		√

● 手工疵点

疵 点	定义/允差	严重(大疵)	轻微(轻微)
膊棉走前/走后	明显	√	
膊棉走前/走后	不明显		√
线尾、浮线			√
挑脚线外露或太紧		√	
打枣不准确		√	
打枣打死袋布/唛头		√	
打钮门跳线		√	
打钮门/钉钮扣	位置偏差 1/16″以上	√	
打钮门/钉钮扣	位置偏差 1/16″或以下		√
钮扣脱落，明显色差		√	
钮门抽丝		√	
色钮毛出/打褶		√	
点钮位明显笔痕		√	
恤衫肩棉位置欠佳	位置偏差 3/16″以上	√	
恤衫肩棉位置欠佳	位置偏差 3/16″或以下		√
西装肩棉位置欠佳	位置偏差 1/4″以上	√	
西装肩棉位置欠佳	位置偏差 1/4″或以下		√
拉线耳长短	位置偏差 1/4″以上	√	
拉线耳长短	位置偏差 1/4″或以下		√
袋中有杂质		√	

● 尾部疵点

疵　点	定义/允差	严重(大疵)	轻微(轻微)
熨工欠佳	熨痕、起镜、面料折起、拉长或缩短	√	
丝里未熨	包括袋布	√	
杂纸未清		√	
包装方法错误		√	
唛头错、漏,错码	包括吊咭、挂咭、电脑咭	√	
胶袋、纸箱印刷错、漏		√	
包装胶袋、纸箱不正确		√	
混色码包装不准确		√	
油污未清除		√	
包装辅料有明显污渍		√	

● 布料疵点

疵　点	定义/允差	严重(大疵)	轻微(轻微)
胚裂		√	
破、洞		√	
粗纱	一寸或以上	√	
粗纱	一寸以下或不容易见到		√
抽纱、色纱、杂纱	半寸或以上	√	
抽纱、色纱、杂纱	半寸以下或不易见		√
污渍	明显	√	
污渍	不明显		√
色差	明显	√	
色差	不明显		√
经柳		√	
横档	明显	√	

（续表）

疵 点	定义/允差	严重(大疵)	轻微(轻微)
横档	不明显		√
爪痕		√	
灰伤、水痕	明显	√	
灰伤、水痕	不明显		√
印歪、色化开、色不均	明显	√	
印歪、色化开、色不均	不明显		√
折痕		√	
弧度	二寸或以上	√	
弧度	二寸以下		√
珠网		√	
露白		√	
切刀痕		√	
深浅色、叠色	明显	√	
深浅色、叠色	不明显		√

● 尺寸问题(单位：英寸)

西 装	容忍度	恤 衫	容忍度
后中长(衫长)	+/－1/2	后中长(衫长)	+/－1/2
胸围	+/－1/2	胸围	+/－1/2
上坐围	+/－1/2	坐围	+/－1/2
下坐围	+/－1/2	脚围	+/－1/2
脚围	+/－1/2	袖长(长袖)	+/－1/2
膊至膊围	+/－1/4	(短袖)	+/－1/4
小肩	+/－1/8	袖口(介英)	+/－1/4
后背宽	+/－1/4	肩直	+/－1/4

（续表）

西　装	容忍度	恤　衫	容忍度
袖长（长袖）	+/−1/2	后担干	+/−1/4
袖窿	+/−3/8	膊围	+/−1/4
臂直	+/−1/4		+/−1/4
袖口	+/−1/4		
袖长（短袖）	+/−1/4		

长　裙	容忍度	短　裙	容忍度
裙长	+/−1/2	裙长	+/−1/2
胸围	+/−1/2	腰围	+/−1/2
腰围	+/−1/2	上坐围	+/−1/2
上坐围	+/−1/2	下坐围	+/−1/2
下坐围	+/−1/2	脚围	+/−1/2
脚围	+/−1/2		
袖窿	+/−3/8		
袖长（长袖）	+/−1/2		
（短袖）	+/−1/4		
袖口	+/−1/4		
臂直	+/−1/4		
膊（肩）阔	+/−1/4		
小肩	+/−1/8		
后背宽	+/−1/4		
领围	+/−1/4		

长　裤	容忍度	背心裙	容忍度
腰围	+/—3/8	裙长	+/—1/2
上坐围	+/—1/2	胸围	+/—1/2
下坐围	+/—1/2	上坐围	+/—1/2
前裆	+/—1/4	下坐围	+/—1/2
后裆	+/—1/4	脚围	+/—1/2
髀围	+/—1/4	夹圈	+/—3/8
膝围	+/—1/4	小肩	+/—1/8
脚口	+/—1/4	后背	+/—1/4
外长	+/—1/2	前胸宽	+/—1/4
内长	+/—1/2		
腰头高	+/—1/16		

棉　袄	容忍度	短　裤	容忍度
衫长	+/—1/2	腰围	+/—3/8
胸围	+/—1/2	上坐围	+/—1/2
脚围	+/—1/2	下坐围	+/—1/2
腰围	+/—1/2	脚口	+/—1/4
上坐围	+/—1/2	外长	+/—1/4
下坐围	+/—1/2	内长	+/—1/4
袖长	+/—1/2	前裆	+/—1/4
袖口	+/—1/4	后裆	+/—1/4
臂直	+/—1/4		
袖窿	+/—3/8		
后背宽	+/—1/4		
膊(肩)阔	+/—1/4		

（续表）

棉　袄	容忍度	短　裤	容忍度
小肩	+/−1/4		
领位	+/−3/8		

- 其他部位尺寸误差容忍度为5%之内，特殊部位以客户可接受为准。
- 车缝、尾部、面料的轻微疵点在一件成衣的部位3个以上，不予接受；车缝、尾部、面料的有严重疵点的，不予接受。
- 如超出尺寸容忍度范围外，一律不予接受。

参 考 文 献

［1］ 宋惠景，万志琴. 服装生产管理. 北京：中国纺织出版社，2006.8

［2］ 石吉勇，李先国. 服装生产管理. 北京：化学工业出版社，2009.8

［3］ 叶清珠，沈卫平，李良源. 服装品质管理. 北京：中国纺织出版社，2011.9

［4］ 姜旺生，杨洋. 服装生产现场管理. 北京：中国纺织出版社，2011.11

［5］ ISO9000 标准理解与实施. 2000 版

［6］ 吴振玮. 香港制衣业训练局服装品质管理讲座. 2010.10